~*Mein Bergisches Land*~

W0278321

Bergischer Verlag

Dorothee Kotthaus-Haack
Gerhard Haack

Käfer, Kanne, Krämerladen

So waren die 50er und 60er Jahre

~Mein Bergisches Land~

Käfer, Kanne, Krämerladen

So waren die 50er und 60er Jahre
von Dorothee Kotthaus-Haack und Gerhard Haack

Reihe: ~ Mein Bergisches Land ~
herausgegeben von Thomas G. Halbach

ISBN 978-3-945763-93-3

1. Auflage 4/2020

Bergischer Verlag
RS Gesellschaft für Informationstechnik mbH & Co. KG
Verleger Arndt Halbach, Martin Czialla
Auf dem Knapp 35 | 42855 Remscheid
E-Mail: info@BergischerVerlag.de | www.BergischerVerlag.de

Lektorat: Iris Gelhausen
Umschlaggestaltung: Julia Wewer, Kreativagentur Rockoli
Titelfoto und alle weiteren Fotos sind aus dem Privatbesitz der Autoren
Layout und Gesamtherstellung: Bergischer Verlag,
Ernst-Wilhelm Bruchhaus

Für unsere Kinder und Enkelkinder

Inhalt

Dorothee Kotthaus-Haack, geboren 1951 und Gerhard Haack, geboren 1944, beide aus alten Ronsdorfer Familien stammend, sind seit 25 Jahren verheiratet. Für beide ist es die zweite Ehe, zusammen haben sie sieben Kinder und sechs Enkelkinder.
Beide sind auf Bauernhöfen am Rande von Wuppertal, bzw. Remscheid groß geworden und teilen die Liebe zum Bergischen Land und der heimischen Scholle, die sie jetzt auch hobbygärtnernd auf verschiedenen Parzellen beackern.
Vor der Pensionierung arbeitete sie als Grundschullehrerin in Wuppertal, Duisburg und Remscheid.
Er kam über den Zweiten Bildungsweg zum Studium der Theologie und der Pädagogik und war zuletzt Pfarrer in Duisburg, nun im Ruhestand.
Jetzt engagieren sich beide ehrenamtlich in der Kirchengemeinde Remscheid-Lennep und weiteren benachbarten Gemeinden.
„Kühe, Kappes und Kartoffeln", das Erstlingswerk der Autorin, wurde ein Erfolg und so entstand bei dem Ehepaar die Idee zu einem zweiten Buch. Bekannte und Verwandte aus dem Bergischen wurden interviewt, um Lebensgeschichten – Heiteres, aber auch Schicksalhaftes aus den 50er und 60er Jahren in einem weiteren Buch festzuhalten.

Vorwort

Wir wollten uns erinnern, mit anderen zurückblicken auf eine Zeit, die ja für uns noch nicht lange zurückliegt, die aber heute doch so ganz anders erscheint. Eine Zeit, die uns geprägt, geformt hat und die nicht zuletzt die Lebenskräfte für heute bereitgestellt hat. Und wir wollten ihr den Wert beimessen, der ihr vor dem Hintergrund der heutigen gesellschaftlichen Umbrüche zukommt. Vielleicht war ja damals nicht alles schlecht und für die heutigen Herausforderungen unbrauchbar. Vielleicht kommt einmal eine Zeit, da uns unsere Kinder und Enkel fragen, wie wir das alles geschafft haben und wie wir mit so wenig Energieverbrauch, so wenig Freizeit und Konsum glücklich sein konnten.

Nicht erst seit der Studie „Die Grenzen des Wachstums“ vom Club of Rome aus dem Jahr 1972 oder den Ergebnissen der Klimakonferenz 2015 in Paris beschleicht uns heute die Sorge um die Zukunft unserer Erde.

Als bodenständige und mit landwirtschaftlicher Arbeit vertraute Leute wissen wir, dass die Bäume nicht in den Himmel wachsen und die Lebensgrundlagen unserer schönen Erde endlich sind. Dass ein „Weiter so“ und „Immer mehr“ an natürliche Grenzen stoßen muss, dürfte jedem klar sein, der sich mit Fragen von Konsum und Abfallwirtschaft beschäftigt.

Die Kleiderschränke sind voll, die Mülleimer quellen über. Geschenkekaufen für Kinder und Enkel ist eine Qual – sie haben ja schon alles. Das Im-Stau-Stehen auf den Straßen verdirbt Pendlern und

Urlaubern die Freude am Fahren. Die Treibhausgase machen uns krank. Die Straßen sind gefährliche Orte, besonders für Kinder, alte Menschen und Tiere. Die Urlaubsziele werden immer weiter gesteckt. Der Massentourismus verändert auch die Gastgeberländer. Die Wohnung muss mindestens 21 Grad warm sein. Zu viele Lebensmittel werden vernichtet. Plastik vermüllt Meere und Strände. Die CO_2-Bilanz bleibt weiterhin negativ. Massentierhaltung und Artensterben machen uns genauso zu schaffen wie die übergroße Vielfalt von Produkten aus aller Welt, die oft unter erbärmlichen Arbeitsverhältnissen produziert und mit stinkenden Riesenfrachtern über die Weltmeere verschifft werden.

Wir fragen uns, ob wir das alles brauchen und ob die Art und Weise, wie wir heute leben, für uns und unsere Welt gut ist.

Wir, die wir die 50er und 60er Jahre als Kinder und Jugendliche erlebt haben, erinnern uns nur zu gut, dass zwar Fortschritt und Wohlstand ganz oben auf der Agenda standen, dass aber unterm Strich der Verbrauch natürlicher Ressourcen wesentlich geringer war als heute. Und wir fragen uns heute, im digitalen Zeitalter, in dem das Leben noch viel schneller zu gehen scheint als früher, ob die Lebensqualität mit der technischen Entwicklung Schritt halten kann und ob ein Blick zurück vielleicht guttut und nützlich sein kann, um zu vergleichen, wie wir vor 50 oder 60 Jahren gelebt haben.

Natürlich ist uns bewusst, dass wir die Vergangenheit gerne mit verklärtem Blick betrachten, zumal wir damals jung und aufgeschlossen waren für alles Neue und dass der nette Spruch „So schön, wie es früher war, ist es früher nie gewesen“ für alle Zeiten zutreffen mag.

So haben wir auch andere aus dem Bergischen Land dazu befragt und somit noch einmal Revue passieren lassen, was uns damals wichtig war, was uns geformt hat, was wir ertragen mussten und wie wir das alles erlebt und überlebt haben: die Zeit der 50er und 60er Jahre.

Die Zeit wenige Jahre nach dem Krieg war sicher nicht paradiesisch. Da wurde viel verdrängt, da wurden die Ärmel aufgekrempelt und nach vorne geschaut. Autoritäten wurden nicht hinterfragt, Kinder mussten parieren und taten es auch – meistens jedenfalls. Da wurde fett gegessen und mit Alkohol am Steuer gefahren, Sex vor der Ehe wurde sanktioniert und die Rollen von Mann und Frau waren klar verteilt. Der Mann brachte das Geld nach Hause und gab der Frau das Haushaltsgeld; Emanzipation – ein Fremdwort.

Aber wir haben gelebt, gelernt, gespielt und sind satt geworden. Allergien waren unbekannt, Vegetarier und dicke Kinder gab es nicht. Kurz: Wir haben überlebt – mit großen Erwartungen an die Zukunft. Es ging bergauf. Wir nannten es „Wirtschaftswunder.“

Wir Älteren wollen uns erinnern, vielleicht mit Wehmut oder mit Zorn, mit guten Gefühlen oder mit Scham, und unseren Kindern und Enkeln erzählen, dass es einmal eine Welt gab, in der man nicht ins Internet ging, um eine Fahrkarte zu lösen und sich nicht per Smartphone verabredete, sondern einfach auf der Straße wartete, bis alle da waren.

Sicherlich gibt es auch heute hoffnungsvolle Zeichen für ein verändertes Verhalten, gerade von jungen Leuten. Und vielleicht reiben wir Älteren uns die Augen und staunen über Begriffe wie Carsharing, Containern, Urban Gardening, Unverpackt-Laden oder ähnliches.

Wir befragten uns selber und Gleichaltrige über die damaligen Wünsche und Träume, aber auch über unseren Protest gegenüber der Kriegsgeneration.

Wir erinnern an die faszinierende Entwicklung der Motorisierung, das erste Moped, das erste eigene Auto, die Jugendlichen, die als „Halbstarke" bezeichnet und zum Schrecken aller Biedermänner wurden. Wir erzählen von der Bedeutung eines Wochenendes und den ersten längeren Reisen und Auslandsaufenthalten nach dem Krieg, vom Luxus eines Fernsehgerätes und dem gemeinsamen Fernsehen im Wohnzimmer – einem Ereignis für die ganze Familie und manchmal auch für die Nachbarschaft.

Aber wir können uns nicht erinnern, jemals Langeweile gehabt zu haben oder ohne Freundinnen oder Freunde gewesen zu sein – und das alles ohne Internet und Telefon.

Wir versuchten, in den Interviews das typisch Bergische zu entdecken, vielleicht eine eigene Mentalität zu finden, die der Region mit der kleinteiligen Industrie, dem rauen Klima und den bodenständigen Menschen nachgesagt wird; Menschen, die auf kleinen Höfen zu Hause waren, oder in der Textil- oder Werkzeugindustrie ihr Brot verdienten, die im Nebenhaus ihre Bandstühle betrieben, und sich gottesfürchtig und fleißig gegenüber den geschäftstüchtigen und liberalen Rheinländern behaupten mussten.

Das Bergische Land, „wo der Handschlag noch gilt", wo man in Chören und Vereinen, christlichen Versammlungen und Landjugend, Freiwilliger Feuerwehr und Nachbarschaft Gemeinschaft pflegte und die Bergische Kaffeetafel Ausdruck herzlicher Anteilnahme auch Fremden gegenüber war.

So viel sei schon vorweggesagt: Das Bergische Heimatgefühl hat sicher ganz viel mit gemeinschaftlicher Arbeit, der wunderschönen Landschaft und eigenartigen Produkten wie Panhas, Pillekuchen, Schnibbelbohnen aus der Tonne und Rübstiel zu tun. Bergischsein bedeutet auch ein bisschen Entschleunigung, Wortkargheit und Eigensinn, aber auch Verlässlichkeit und Herzenswärme.

Wie also war das Leben damals vor 50 oder 60 Jahren? Vor dem Hintergrund heutiger Arbeits- und Konsumwelt, Kommunikation und Freizeitgestaltung mag die vergangene Zeit, die wir ja noch alle lebhaft erinnern, unseren Kindern und Enkeln nur noch schwierig zu vermitteln sein.
Unsere Interviewpartner und -partnerinnen haben sich oftmals beim Erinnern selbst gewundert, was damals möglich war oder was als unschicklich und verboten, erträumt oder selbstverständlich galt.

Es war auf jeden Fall lebenswert – nur eben anders und einfacher.

Wir danken allen, die so offen und freimütig von ihrem Leben, von ihren Schicksalen und Freuden, ihren Möglichkeiten und Einschränkungen erzählt haben. Alles ist authentisch, manchmal in eine erzählende Form gekleidet. Wir haben nichts beschönigt oder dramatisiert. Es sind lokale, Bergische Geschichten von Menschen in unserem Alter; Geschichten, die wir auf eine anrührende Weise mit ihnen teilen: Dorothee, behütet auf einem Bauernhof in der Nähe von Wuppertal-Ronsdorf aufgewachsen, Gerhard, Sohn eines gestrengen Vaters, der als Spätheimkehrer aus der Gefangenschaft die Nazizeit noch in den Knochen hatte, ebenfalls aus Ronsdorf.

In der Ich-Form sind wir beide zu entdecken, die wir diese Jahre auf sehr unterschiedliche Weise erlebt haben.

1/ Wie wir zu Hause mit der Familie gewohnt haben

Hans Walter Schmidt

Das Geburtshaus von Hans Walter Schmidt steht heute immer noch, ein kleines Haus am Ortsrand von Wuppertal-Ronsdorf, auf Holthausen, in der Nähe des schönen Gelpetals. Die Familie war stolz, im Besitz eines alten Fachwerkhauses zu sein, Baujahr unbekannt, seit dem Jahr 1850 in Familienbesitz. In den 50er und 60er-Jahren lebte Hans Walter dort zusammen mit seinen Großeltern, seiner Mutter und seiner Schwester, seinem Onkel, zunächst auch noch der Tante, die leider viel zu früh verstarb, und deren drei kleinen Kindern. Drei Familien aus drei Generationen, insgesamt neun Personen, lebten hier auf ca. 80 m^2 in Frieden zusammen. Heute wird wieder über das Mehrgenerationenhaus diskutiert, einige erwählen diese Lebensform. Damals, in der Holthauser Straße, wurde diese Gemeinschaft täglich gelebt und war absolut selbstverständlich.

Als Familienoberhaupt fungierte die Großmutter. Oma Else war meist sehr freundlich, konnte aber auch energisch werden. Tochter und Schwiegertochter wohnten mit im Haus, aber in der Küche hatte Oma Else das Regiment. Was sie sagte, war Gesetz, was sie durchsetzen wollte, setzte sie durch. Hans Walter, 1939 geboren, erinnert sich: „Unsere Oma, die hatte alles im Blick. Da konnte keiner ungesehen reinkommen!“

Wenn nicht draußen gearbeitet oder gespielt wurde, hielt sich gewöhnlich der ganze Familienclan in der Wohnung der Großeltern auf. Bei so vielen Personen gab es natürlich auch Meinungsverschiedenheiten, aber die Großmutter konnte meistens die Gemüter besänftigen. Der Großvater war gelernter Bandwirker, arbeitete dann als Fuhrmann und war später bei der LVA Lungenheilstätte angestellt, für die er Forstarbeiten erledigte. Während der Kriegsjahre übernahm er als einziger wichtige Verwaltungsaufgaben dort. Nur fünf Gehminuten waren es bis zum großen eingezäunten Waldgebiet der Lungenheilstätte, wo er bis zur Pensionierung sein Geld verdiente.

Im Haus sah man an den Wänden Zeugnisse seiner täglichen Umgebung draußen. Ausgestellt in kleinen Kästen gab es ausgestopfte Eichhörnchen, Eichelhäher und ein Grünspecht-Paar. Bei Wind und Wetter hatte er als Waldarbeiter an der frischen Luft gearbeitet. Und es war ihm auch im hohen Alter immer noch ein Anliegen, täglich nach den Außentemperaturen zu schauen.

Im Haus war der Herd Symbol für die Bedeutung und Machtstellung der Hausfrau. Oma Else hatte hier das Sagen. Auch in der oberen Wohnung stand ein Herd – schließlich diente er auch zum Heizen der Räume. Aber gekocht wurde meist unten gemeinsam, Tochter und Schwiegertochter übernahmen auch ihre Aufgaben. Gegessen wurde gemeinsam am großen Tisch in der Wohnstube der Großeltern nebenan.

Trat man von vorne durch die kleine Haustür ins niedrige Haus, stand man mit ein, zwei Schritten gleich vor dem Herd. Es schien keinen Flur zu geben. Auf der umlaufenden Stange des Herds hingen

Handtücher, über dem Herd Holzlatten, um feuchte Geschirrtücher und einige Kleidungsstücke zu trocknen. Rührlöffel, Schaumlöffel und Schöpfkelle waren in Sichthöhe angebracht, Feuerhaken und Stocheisen hingen griffbereit am Ofen, im Kasten befanden sich Holz und Briketts, Kohlen in der aufrechtstehenden Schütte. Vergeblich suchte man einen Spülstein mit Wasserkran. Den gab es nur nebenan im Flur, der auch von der rückwärtigen Außentüre aus zu betreten war. Hier, im Bereich des unteren Treppenhauses, befand sich die einzige Wasserstelle im ganzen Haus. Natürlich gab es aus der Leitung nur kaltes Wasser. Hier wurden Gesicht, Hals und Hände gewaschen, wenn nötig, auch mehr. Ebenso brachte man Salat und Gemüse aus dem Garten zum Säubern hierher. Die Kartoffeln wusch man lieber draußen im Hof in einem Eimer. So konnte man das Waschwasser auch noch für den Garten gebrauchen, als Bewässerung für besonders „durstige“ Pflanzen.

Morgens früh war Oma Else die erste, die aufstand. Sie fachte das Feuer an und setzte Wasser zum Kochen auf. 1950 war der Großvater 61 Jahre alt, er ging um 6:45 Uhr aus dem Haus. Mittags um zwölf Uhr kam er kurz zum Essen nach Hause.

Hans Walter war damals elf Jahre alt, seine Schwester neun. Sie machten sich morgens gegen 7:30 Uhr zu Fuß auf den Schulweg, nachdem sie vorher noch schnell die Kaninchen gefüttert hatten. Außer Kinderhüten, Haus- und Gartenarbeit verrichteten Großmutter und Tochter jahrelang Heimarbeit der üblichen Art: Sie verdienten als Spulerinnen in Auftragsarbeit der heimischen Bandwirkerei. Dadurch bezog Oma Else später eine lohnenswerte Rente. Der Opa verdiente sein Geld als Waldarbeiter ganz in der Nähe. Der Sohn Friedel hatte eine gute Stellung bei Kabelwerke Ronsdorf. Die Schwiegertochter Ursel hatte vor der Geburt des ersten Kindes als kaufmännische Angestellte gearbeitet. So hatten sie in der Großfamilie ihr gutes Auskommen.

Beim Kappesschaben mit Tante Ursel

Zum Mittagessen saßen gewöhnlich alle in der Wohnstube um den Tisch. Oft hatten die Frauen Gemüse mit Kartoffeln gekocht. „Am liebsten aß ich Möhren untereinander“, erinnert sich Edith, die Schwester von Hans Walter. „Sonntags gab es immer Braten, Schwein oder Rind im Wechsel.“ Das Fleisch musste für mehrere Tage reichen. „Das roch immer so gut in der Küche! Sonntags hatten wir immer eine frische

Die Hausaufgaben machten die Kinder oben in der Wohnung am Tisch. Ein Kinderzimmer hatte keiner von ihnen, auch später die drei Kinder aus der Familie des Onkels nicht. Onkel Friedel heiratete 1950. In diesem Jahr wurden auch in dem ehemaligen kleinen Stallgebäude eine Trennwand gemauert und eine feststehende Badewanne aufgestellt. Nun musste zum Baden am Samstag nicht mehr die Zinkwanne in die Küche getragen werden.

Zum Klo musste jeder aus dem Haus hinaus gehen. Von der hinteren Ausgangstür war man mit wenigen Schritten am „Hüsken“, schaute vielleicht noch durchs „Herzchen“, ob besetzt war und öffnete die alte Holztüre. Innen gab es eine bretterne Bankfläche, ein runder Deckel wurde beiseitegelegt und jetzt zeigte sich das runde Loch. Bevor es zur „Sitzung“ ging, riskierte man oft einen Blick durch das Loch. Als Kind setzte man sich vorsichtig auf das „Plumpsklo“ und fürchtete anfangs, man könne hindurchfallen. Für das „große Geschäft“ hing Zeitungspapier zurechtgeschnitten am Nagel. „Klopapier hatten nur Millionäre“, erzählt Hans Walter heute schmunzelnd.

Der Hahn krähte auf dem Mist, die Hühner scharrten im Dreck nach Würmern und die alte Nachbarin nebenan saß zu Hause auf dem Klo, im „Hüsken", die Türe, wie üblich, offen. Alltagsrock und Schürze bedeckten ihre Beine. So hatte sie alles im Blick. Ging jemand vorbei – und es kamen ja nie Fremde – dann rief sie denen zu: „Hür es, wie is et?" (Hör mal, wie geht's bei euch?)

„Obwohl unser Haus schon durch die Bewohner gut gefüllt war, hatten wir ständig Besuch", so erinnert sich Hans Walter. An den Wochentagen kamen oft Verwandte. Sie halfen im Haus und im Garten. Nachbarn oder Nachbarinnen erschienen auf einen Plausch. Nie war die Türe abgeschlossen; am Tag nicht, in der Nacht nicht.

Auch an den Wochenenden war ständig Verwandtschaft da, speziell die zahlreichen Geschwister der Oma, die mit ihren Familien zu Besuch kamen. Aus einem Vorrat von mehr als zehn Zentnern Einkellerungskartoffeln wurden für Samstag und Sonntag große Mengen Kartoffelsalat hergestellt. Würstchen gab es dazu nur zu besonderen Anlässen wie Geburtstagen oder Feiertagen. Jedoch kam jeder in den Genuss von einem gekochten Ei, „weil es ja fleißige Hühner gab". Und so konnten sich auch die Verwandten einmal richtig satt essen. Denn sie kamen nicht nur aus Liebe und Zuneigung oder um die Beziehungen in der Verwandtschaft zu festigen. Es muss aber erwähnt werden, dass die Besucher im Gegenzug auch bei der Gartenarbeit, bei der Ernte und der Verarbeitung der Früchte halfen.

„Wir haben nie wirklich gehungert, aber wir lebten nicht im Überfluss", so heißt es in den Erinnerungen der damals jungen Generation. Wenn die Großmutter dem Großvater vom Essen einen Nachschlag geben wollte, entgegnete dieser stets: „Frag mal erst die Kinder, ob die satt sind!“ „Das ist mir bis heute gut im Ohr“, erzählt Hans Walter.

Wenn dann alle in der Wohnstube versammelt waren, drängten sich auf etwa 15 Quadratmetern bis zu 17 Personen. Der lange Tisch wurde ausgezogen, auf dem alten Sofa saß in der Ecke der blinde Onkel Erich, daneben knieten die Kinder, Erwachsene saßen auf Stühlen dicht nebeneinander. „In allen Ecken saßen noch die, die am Tisch keinen Platz gefunden hatten, und am kleinen Tisch in der Küche“, wissen Edith und Hans Walter. In der Woche saßen sie hier zum Gemüseputzen, Kartoffelschälen und so weiter, aber auch zum Stricken, Flicken und Strümpfestopfen. Wenn Freizeit angesagt war, auch zum Kartenspielen. Dabei ging es um einen Einsatz von fünf Pfennig.

Unvergessen sind die Wanderungen durchs Gelpetal. Käshammer, Gelper Hof und Zillertal waren weithin bekannte Ausflugslokale.

Von dramatischen und tragischen Schicksalsschlägen wurde die Familie nicht verschont.

„Meinen Vater habe ich nur dreimal gesehen, im Krieg, wenn er auf Heimaturlaub war. Er war als Soldat in Frankreich. Einmal hat er mir einen bunten Gummiball mitgebracht, mit dem haben wir zusammen gespielt“, erinnert sich Hans Walter. Als er fünf Jahre alt war, starb sein Vater auf dem Schlachtfeld, seine Schwester war gerade drei Jahre alt. Die Mutter wurde im Alter von 29 Jahren Kriegerwitwe. „An der Wand hing ein Hochzeitsfoto. Dieses Bild von den

Eltern aus glücklichen Tagen begleitete uns“, so erinnert sich Edith und schaut ins Leere.

Sie waren nicht allein. Im Haus gab es ja noch Oma und Opa, auch Onkel und Tante und Cousine Hannelore, die Anfang der 50er Jahre geboren wurde. Als dann aber 1956 die Zwillinge in dieser Familie auf die Welt kamen, verstarb die junge Mutter wenige Wochen nach der Entbindung.

„Wie gut, dass wir in der Familie alle zusammenhielten und meine Mutter und unsere Oma halfen, die Kleinen großzuziehen“, kann sich Edith, die große Cousine im Haus, erinnern. „Oft kamen auch noch Großtanten zur Unterstützung.“

Der Onkel, der den plötzlichen Verlust seiner Frau zu verkraften hatte, musste Geld verdienen. Er ging um 7:30 Uhr aus dem Haus und arbeitete in Ronsdorf als Fachmann in der Arbeitsvorbereitung bei Kabelwerke Reinshagen. Erst Samstagmittag war in der Firma Schluss, dann gab es Familienzeit für ihn. Seine drei Kinder warteten auf ihn. Und müde war er am Wochenende bestimmt, denn die Zwillinge werden in der Nacht oft geschrien haben. Ihre Tante Edith, die Mutter von Hans Walter und Edith, konnte sie nicht hören. Mit sechs Jahren hatte sie aufgrund einer schlecht behandelten Mittelohrentzündung das Gehör verloren. Umso wichtiger waren für sie jetzt die Augen und ihre Erfahrungen, die sie als junge Mutter bei der Kinderpflege gewonnen hatte.

Wo hat denn jeder geschlafen, damals in den 50er und 60er Jahren? So mag man fragen. Gab es genügend Schlafräume, so wie wir sie uns heute vorstellen?

„Als ich ca. 14 Jahre alt war, wollte ich nicht mehr bei Oma oder Opa im Bett schlafen. Also baute ich mir ein Bett auf dem Dachboden auf, davor stand ein Stuhl für die Ablage der Kleidung", so berichtet Hans Walter. Der Dachboden war natürlich nicht isoliert. Er diente bei Regenwetter als Trockenraum für die Wäsche, da war es gut, wenn ein wenig Luft durchzog. Aber im Sommer war es dort oft viel zu heiß, im Winter dagegen viel zu kalt, kaum ein oder zwei Grad wärmer als draußen. „Da sehnte ich mich nach dem warmen Bett von Oma und Opa zurück. Aber als angehender junger Mann konnte ich das natürlich nicht zugeben", erinnert sich Hans Walter. Waren die Winter gar zu streng, minus zehn bis 20 Grad, fand der Großvater in der Nacht keinen Schlaf. Alle Viertelstunde stand er auf und ließ das Wasser laufen, die Leitungen durften doch nicht einfrieren!

Und, welch ein Luxus: Es wurde eine Waschmaschine für die Großfamilie angeschafft, ein Modell mit Holzwänden, wie damals üblich. Das Wasser wurde nicht in der Waschmaschine erhitzt, sondern im großen runden Kupferbottich des Ofens, der mit Holz und Briketts befeuert wurde. Hans Walter, gelernter Maschinenbau-Ingenieur, erklärt das System der ersten Waschmaschine so: „Das war eigentlich ein Holzbottich, auf dessen Deckel ein Pumpzylinder montiert war, welcher durch den hydraulischen Druck des Leitungswassers angetrieben wurde. Über Zahnstange und Ritzel wurde die Hin- und Her-Bewegung der Pumpe in eine Rotation im Inneren der Maschine verwandelt. Hierdurch wurde ein hölzernes System mit drei Zapfen angetrieben, welche Waschwasser und Wäsche zwecks Reinigung in Bewegung brachten."

Die Maschine hatte kein Schleuderprogramm, sondern eine aufgesetzte Wringmaschine. Die feuchte Wäsche wurde durch zwei Walzen geleitet, die das überschüssige Wasser auspressten. Natürlich wurden die Walzen mechanisch angetrieben. Und Hans Walter drehte die Kurbel, ausdauernd und mit vollem Einsatz, denn Oma und Mutter „wollten seine Kräfte messen“. „Da wollte ich natürlich glänzen und legte alle Kraft in diesen Antrieb“, erinnert sich Hans Walter mit Schmunzeln.

Bei der großen Anzahl von Personen im Gesamthaushalt fiel natürlich viel Wäsche an. Bei schönem Wetter hängten die Frauen die Wäsche draußen auf die Wäscheleine, Geschirrtücher und Taschentücher legten die Kinder zum Trocknen aufs Gras, auf die „Bleiche“. Und bei Regenwetter hatte der junge Mann die Wäsche in seinem Schlafraum auf dem Speicher hängen. Da gab es keine Poster von schrillen Pop-Sängern oder waghalsigen Motorradfahrern an tapezierten Wänden.

Waghalsige Motorradfahrer gibt es jedoch in der Familie durchaus, auch in der jüngsten Generation. Der in der Region bekannte Motorrad-Rennfahrer Max Schmidt, Gewinner zahlreicher Pokale, wohnt mit Eltern und Bruder in ebendiesem Haus, eine Freude für Hans Walter, den Großvater.

Walter Voß

Im Senioren-Ratgeber kann es jeder nachlesen: Bleiben Sie aktiv! Wichtig ist Bewegung an der frischen Luft! Vermeiden Sie Übergewicht! Achten Sie auf gesunde Ernährung! Suchen Sie ein Hobby, das Ihnen Spaß macht – so können Sie ein langes Leben erreichen!

Auch ohne diese schriftlichen Ermahnungen hat Walter Voß beherzigt, was er schon von klein auf wusste: Obst und Gemüse im eigenen Garten heranziehen hält den Körper fit und die Seele gesund und kann die ganze Familie ernähren. Im Sommer 2019 ist er 87 Jahre alt geworden und man findet ihn täglich in seinem Garten. Und einmal in der Woche im Schwimmbad!

Walter Voß in seinem Garten

Welch ein Glück, dass er damals, im März 1945, überlebt hat. Am 10. März, kurz vor Kriegsende, wurde Remscheid-Lennep schwer von Bomben getroffen. Sie wohnten in der Friedrichstraße, harrten mit ihrem Koffer, der wichtige Dokumente enthielt, im Keller aus. Walter lag zusammen mit einem Nachbarsohn auf dem Betonboden des Waschkellers. Er hörte, wie das Haus über ihnen zusammenbrach. „Als dann das Wasser kam, hatte ich Angst: Jetzt werden wir ersaufen! Die Wasserrohre sind geplatzt!" Aber es war das Wasser, das aus den Waschzubern floss, als Mauerteile hineinfielen. Die Familie hatte großes Glück gehabt, keiner wurde von den Eisenträgern erschlagen, alle überlebten. Im Gegensatz zu einer Frau mit Tochter nur wenige Meter entfernt auf der anderen Seite des Schutzraumes, die beim Einsturz sofort tot waren. Der Vater, der bis zur Brust im Schutt stand, konnte den zwölfjährigen Walter von den heruntergefallenen Massen befreien. „Wir hatten nur noch das nasse Zeug, das wir am Leib hatten". Ein Bombenteppich hatte das Haus zerstört und alles in Schutt und Asche gelegt.

Verschiedene Verwandte nahmen die Ausgebombten auf. „Von Kartoffelschalen hat meine Mutter Reibekuchen gemacht." Erst konnten sie am Gänsemarkt unterkommen, später bekamen sie eine kleine Wohnung am Stadion, danach in der Zeppelinstraße. „Aber zeitlebens bin ich in Lennep wohnen geblieben, auch später, als ich Elvira heiratete. Das war 1958, da ist auch das erste von unseren vier Kindern geboren." Sie hatten in der Mietwohnung ein großes Zimmer, da schliefen Vater und Mutter zusammen mit den vier Kindern. „Zum Glück war das so", erzählte später Walter. „Denn einmal in der Nacht hörten wir ein Geräusch. Annegret, unsere zweitälteste Tochter, war vielleicht vier Jahre alt. Am Tag vorher hatten wir uns mit den Kindern die Schwäne auf dem Neuenteich angeschaut. Ein Schwan war schwarz." Das Schlafzimmer war so groß, dass auch verschiedene wichtige Dinge für den Haushalt dort verwahrt wurden, auch ein großes Paket Waschpulver. Damals, in der Nacht, als die Eltern aufgeweckt wurden und zur Treppe gingen, sahen sie ihre kleine Tochter mit der Waschmittelpackung zur Haustüre hinuntergehen. Sie wollte aus dem Haus gehen: „Ich will doch den schwarzen Schwan waschen."

Wie kann man als Alleinverdiener eine so große Familie ernähren? Walter hatte schon als Kind gesehen, wie Vater und Mutter im Garten Gemüse heranzogen, wie Gemüse und Obst verarbeitet wurden. Wie froh war er, dass er als junger Familienvater auch immer ein kleines oder großes Stück Garten hatte. Dort wurden Salat, Porree, Möhren, Kohl, Strauchbohnen und Stangenbohnen herangezogen, Weißkohl und Rosenkohl, auch Kartoffeln.

„Damals im Park der Frau Schürmann in der Rospattstraße hatten wir große Holundersträucher an der Straßenseite. Dort habe ich die ersten Holunderbeeren geerntet und Saft gemacht", erinnert sich Walter. Seine Leidenschaft, Früchte von Obstbäumen und Sträuchern zu verarbeiten, hat er sich bis ins hohe Alter erhalten. Wer weiß schon heute noch, wie man Apfel- und Beerenwein selbst herstellt?

„Wenn wir mit Freunden oder Verwandten zusammensaßen, wollten wir auch gerne schon mal etwas trinken. Aber Bier in Flaschen oder Wein war zu teuer", gibt Walter an. „Da kam ich auf die Idee, erst Saft zu gewinnen, dann zur Gärung zu bringen und daraus Wein zu machen."

Als Walter berufstätig war, kochte Elvira, seine Frau, für die ganze Familie. Auch sie arbeitete im Frühjahr, Sommer und Herbst täglich im Garten, um

Gemüse und Kräuter, auch Blumen heranzuziehen. Immer wieder Unkraut jäten, immer wieder schmutzige Finger bei der Gartenarbeit! Der Kampf mit den Schnecken, die über die roten Erdbeeren herfielen! Auch die neu ausgesetzten Salatpflänzchen waren nicht vor ihnen sicher. Jeden Tag hatte Elvira im Garten zu tun, damit alles für den Mittagstisch gedeihen konnte. Da gab es keinen schnellen Griff in die Tiefkühltruhe, um fertigen Spinat oder Rosenkohl in Bechamelsauce herauszuholen. Ging es auf Mittag zu, zog sie vielleicht noch einen Kopfsalat oder Blumenkohl aus der Erde, schnitt mit einem Messerchen noch etwas Schnittlauch oder Petersilie ab. Das Gemüse aus dem Garten musste geputzt werden, jeden Tag wurden Kartoffeln geschält. Beim Erbsendöppen haben die größeren Kinder oft schon mitgemacht. Was man im Garten oder im Vorratskeller nicht hatte, musste eingekauft werden. Zum Einkaufen lief Elvira oft eine halbe Stunde und länger. Sie schaute nach günstigen Angeboten und suchte verschiedene Geschäfte auf. Damals gab es verschiedene Bäcker in der Nähe und auch einen Metzger. Die schweren Taschen musste sie nach Hause tragen. Wie üblich, bereitete Elvira samstags den Sonntagsbraten zu, der für mehrere Tage reichen musste. Alltags wurde eine Bratwurst aufgeteilt und den Kindern in Stücken vorgelegt.

1967 konnte die Familie ein Grundstück auf dem Hasenberg erwerben und einen großen Bungalow bauen. Der „Lastenausgleich" hatte sie finanziell dazu in die Lage versetzt. Elvira, die im Krieg mit Mutter und Geschwistern aus Polen flüchten musste, hatte ein Anrecht darauf. Elviras Vater war als Soldat auf den Schlachtfeldern gestorben, ihre Mutter später im Lager. Die Schwester der Mutter, selbst

Witwe, machte sich mit dem eigenen kleinen Sohn und den vier Kindern ihrer verstorbenen Schwester auf den langen Treck nach Westen. Mitte der 60er Jahre erfuhr Familie Voß, dass Elvira als Vertriebene ein Anrecht auf Grunderwerb hatte. Das Grundstück war als eine sogenannte „Nebenerwerbsstelle" ausgewiesen. Das hieß, dass die Familie ein kleines Stück Land zur Selbstversorgung beackern musste.

Jetzt wurde am Hasenberg ein Garten angelegt. Der Großvater half dabei. Auch verschiedene Beerensträucher und Obstbäume wurden gesetzt. Walter war 35 Jahre alt. Er verdiente sein Geld als Konstrukteur im Maschinenbau. Wenn er nach der Arbeit mit dem Bus nach Hause gekommen war, wurde zuerst einmal mit der Familie zu Abend gegessen. Anschließend ging der junge Familienvater sofort in den Garten. Dort war immer etwas zu tun: Möhren verziehen, Salat auspflanzen, Unkraut jäten. Die Maulwürfe und Wühlmäuse machten ihm manchmal das Leben schwer. Immer wieder zogen sie kleine Pflänzchen, auch Möhren, in die Tiefe. Die waren dann verloren. Aber Walter hatte ein probates Mittel gegen diese Räuber gefunden: „Die wurden von mir verwöhnt. Die kriegten was zu Rauchen", erzählt er uns schmunzelnd. Er steckte seine Zigarrenstummel in die sichtbaren Gänge der Tiere. Diesen Geruch mochten sie nicht und zogen weiter in Nachbars Garten. Auf dem oberen Gartenstück an der Hecke sah man auch im Winter lange Stöcke für Stangenbohnen. Vor Jahren hatte Walter 18 übermannslange Bohnenstangen in das Erdreich gestoßen und oben „zeltartig" zusammengebunden. Jedes Jahr drückte er erneut Kerne von Stangenbohnen in die Erde, nicht zu tief, in geringem Abstand um alle Stöcke. Bohnen sind Stickstoffspender, so konnten die Stangenbohnen immer an derselben Stelle wachsen. Die Nachbarn staunten über die hohen Erträge. Wenn die Bohnen im August und September geerntet wurden, wurden sie zuerst mit einem Messerchen an beiden Enden von Stiel und Blütenansatz befreit, dann gewaschen. Mit dem roten „Schnibbelmaschinchen“ konnte man Riesenmengen von Bohnenstreifchen schneiden. Später gab es dazu eine Küchenmaschine. Um die Bohnen haltbar zu machen, wurden sie mit Salz in einer großen Steinguttonne eingelegt: eine Schicht Bohnen, etwa sieben Zentimeter hoch, darauf eine Handvoll Salz gestreut, dann wieder Bohnen mit Salz, immer im Wechsel. Obenauf legte man ein sauberes Tuch, darauf eine gewaschene Schieferplatte oder Holzbretter. Das Ganze beschwerte man mit einem sauberen Pflasterstein. Dann kam zum Schutz noch ein weiteres Tuch über den Steintopf. Die grauen Tonnen standen im Keller. Wenn man Bohnen nachgepflückt hatte, konnte man wieder Schnibbelbohnen auffüllen, denn die Masse sackte zusammen.

Nach dem Herbst, nach der großen Ernte, wurde es ruhiger in der Familie. Der Garten war vorbereitet für den Winter. Jetzt hatten Walter und Elvira mehr Zeit für die Musik. Beide sangen so gerne im Kirchenchor, hatten sie sich doch hier kennen- und lieben gelernt. Außerdem betrieb Walter in seiner Freizeit gerne Sport. Schon zu Kinder- und Jugendzeiten war er Mitglied im VfL, dem Lenneper Turnverein. Er erinnert sich: Im Jahr 1954, mit 22 Jahren, hatte er in der Turnhalle des Röntgengymnasiums einen schweren Unfall. „Ich habe eine Riesenfelge versucht, dabei haben sich meine Hände geöffnet und ich flog über die Matten und schlug mit dem Kopf auf dem Linoleumboden auf. Bewusstlos.“ Es wurde nicht die

112 gerufen, um einen Rettungswagen zu bestellen. Nein, ein Turner war mit seinem kleinen Lastwagen zur Übungsstunde gekommen. Jetzt trugen mehrere Sportkollegen den verletzten Walter auf einer Turnmatte liegend zum Laster, der sonst Sand und Kies transportierte. Bis zum nahegelegenen Krankenhaus fuhren sie ihn. Eine Woche stationär. Gehirnerschütterung, keine Knochenbrüche. Aber bis zum 50. Lebensjahr litt Walter unter Migräneanfällen. Von sportlicher Betätigung ließ er sich aber nicht abhalten. Bis heute macht er, was er seit Jahrzehnten schon immer gemacht hat, Kopfsprünge vom Dreimeterbrett! Solche waghalsigen Sprünge schaute sich seine Frau nicht gerne an. Aber sie hatte es gerne, wenn er dann mit großem Appetit nach Hause kam. Das Essen hatte sie meist schon fertig. Die Kinder aßen alles gerne, nur wenn an einem Feiertag Kaninchenbraten serviert wurde, gab es oftmals Tränen. Mehrere Kaninchen wurden in kleinen, selbstgebastelten Verschlägen gehalten. Walter hatte ein ausrangiertes Ställchen der Kinder umfunktioniert und ringsherum mit Maschendraht bespannt. So hatten die Tiere ihren Bezirk auf der Wiese und konnten mitsamt „Freiluftkäfig" stets weiter versetzt werden. Immer wurden genügend Kaninchen gefüttert und lebten ihrer Schlachtung entgegen. Manchmal vergaßen das die Kinder, wenn sie solch ein Tier mit weichem Fell im Arm hatten oder mit ihm spielten und auf der Wiese tobten. Die Kaninchen, die die Mutter und die Kinder monatelang gefüttert hatten, sollten gegessen werden? Auch ein Nachbar kam eines Tages mit einem fertigen Kaninchenbraten an: „Meine Frau und die Kinder wollen das Tier nicht essen!"

Sie sind immer satt geworden in der Familie Voß. Und was heute wichtiger ist denn je: Sie kaufen wenig in Plastik verpacktes Obst und Gemüse. Sie haben ihren eigenen großen Garten, ziehen dort wie schon vor Jahrzehnten Kartoffeln, Gemüse, Obst und Kräuter heran. Und: gerne gibt Walter Voß selbst herangezogene Beerensträucher ab! Natürlich schenkt er auch hin und wieder seinen Sangeskollegen im Evangelischen Kirchenchor etwas von den eigenen Produkten: saftige Äpfel oder auch selbst gekelterten Wein. Er selber konnte Anfang des Jahres 2020 eine besondere Urkunde für 70 Jahre Mitgliedschaft in diesem Chor in Empfang nehmen!

Hans Friesen

Dass sein Leben einmal so von Musik geprägt sein würde, hat ihm wohl niemand an der Wiege gesungen – oder vielleicht doch?

Hans Friesen, 1948 in Kamp-Lintfort geboren, war der Sohn eines Schlossermeisters, der einen großen Stahlbaubetrieb am Niederrhein betrieb.

Schon als Kleinkind konnte er nicht stillsitzen, wenn im Radio Musik zu hören war. Später gab man ihm Topfdeckel, mit denen er durch die Küche lief und die er im Rhythmus der Musik laut gegeneinanderschlug. „Der Jung kriegt ne Trommel, der braucht so was", entschied der Vater. Aber auch ein echtes kleines Trömmelchen reichte dem musikverrückten Kind nicht. Ein Klavier musste her und eine Lehrerin, die ihm die hohe Kunst beibringen würde. Und so kam es, dass eine gestrenge Dame regelmäßig ins Haus kam, um dem kleinen Hans die Noten und die richtigen Fingersätze beizubringen. Der Grund, warum Hans bis heute Maggi verabscheut, liegt einzig darin begründet, dass diese strenge Frau ein merkwürdiges musikpädagogisches Mittel einsetzte: Sie schlug dem kleinen Jungen bei jedem falschen Ton mit einem langen Bleistift dermaßen fest auf die Finger, dass er oft Tränen in den Augen hatte und somit die Noten noch schlechter lesen konnte. Auf dem Bleistift stand der Name der bekannten Suppenwürze: Maggi.

Aber auch das hielt den jungen Musiker nicht davon ab, höhere musikalische Weihen einzufordern. Er nahm Orgelunterricht beim Organisten der evangelischen Kirchengemeinde. Der war kostenlos, weil Hans ihn hin und wieder beim Schulgottesdienst morgens in der Frühe vertreten und der Organist dafür ausschlafen konnte – eine Win-Win-Situation.

Mit elf Jahren war er bereits so weit, dass er den erkrankten Organisten von Rheinberg beim Hauptgottesdienst am Sonntag vertreten konnte. So saß der Junge sonntags auf der langen Orgelbank, rutschte hin und her, griff in die Tasten und versuchte, die richtigen Pedalen mit seinen Füßen zu treffen. Zwölf Mark gab es für jeden Einsatz – eine Menge Geld für einen kleinen Jungen. Und dann erzählte Hans uns hinter vorgehaltener Hand, dass es ihm zuweilen ein bisschen langweilig wurde bei den langen Predigten, zumal er manchmal an zwei Gottesdiensten hintereinander spielen musste. Er berichtet, dass er manchmal während der Predigt von der Orgel hinuntergeklettert sei und in der nahegelegenen Gaststätte einen Kakao getrunken habe. Einmal sei er dabei zu spät an die Orgel zurückgekehrt, und die Gemeinde habe bereits gesungen.

Trotz seiner Leidenschaft für die schönen Töne war Hans also wohl doch ein richtiger Junge.

Die Schulzeit in Kamp-Lintfort war für ihn so unerfreulich, dass seine Eltern ihn schon bald zu seiner fürsorglichen Tante Käthe nach Lennep brachten. Tante Käthe war eine gestrenge und tüchtige Ordensschwester und leitete damals das Altersheim „Bergisches Heim" an der Hackenberger Straße. Hans wohnte also für einige Jahre bei seiner Tante, „genoss" deren Fürsorge und besuchte die Realschule im Kreishaus. Lennep mit seiner schönen Altstadt, eingerahmt von zahlreichen Wäldern und Wiesen, war ein Paradies für den Jungen. Trotzdem zog es ihn überall hin, wo es ein Instrument gab, besonders ein Tasteninstrument, egal ob es ein Harmonium, eine Hammondorgel oder ein Klavier war. Daran hatte sich seit Kamp-Lintfort nichts geändert. Irgendwann muss dem kleinen Vollblutmusiker zu

Ohren gekommen sein, dass das Harmonium in der Waldkirche ausgedient hatte. Wie aber bekommt ein 13-jähriger Junge ein großes, schweres Harmonium in die Hackenberger Straße? Eine Bollerkarre, ein Handwagen musste her. Man half ihm, das Instrument aufzuladen, mehr nicht. Dann spannte er sich davor, zog los wie ein kleines Pferd und schaffte das Ding tatsächlich nach Hause. „Musik kann ja so schwer sein“, beteuerte er jetzt verschmitzt. Was die Leute damals dabei gedacht haben mochten, war ihm vollkommen egal, er hatte ein Harmonium, das war das einzige, was zählte.

Und dann legte er los – zum Missfallen seiner gestrengen Tante: „Liebeskummer lohnt sich nicht“, „Marmor, Stein und Eisen bricht“, und ähnliche Lieder. Ordensschwester Käthe war entsetzt. Dass man auf so einem „frommen“ Instrument auch „weltliche“ Lieder spielen konnte, war ihr im Traum nicht eingefallen. Aber der Neffe trieb es noch toller. Er konnte eine Schallplatte auftreiben, auf der das Lied „Danke für diesen guten Morgen“ zu hören war. Und diese kleine „Single“ legte er im Tagesraum auf den Plattenteller und drehte auf volle Lautstärke. Das war für Tante Käthe nun doch zu viel. Sie zog den Stecker und knallte den Deckel des Plattenspielers zu. Sie war so erregt, dass sie auf die doch recht anständigen Worte des modernen Kirchenliedes gar nicht erst hörte. Für sie waren diese Töne sündhaft, und sie belehrte ihren Neffen: „Weltliche Musik dulde ich nicht!“ Aber Hans hatte genug gehört und konnte jetzt diese eingängige Melodie auf dem Harmonium nachspielen.

Und wenn man ihn heute im Gottesdienst der Waldkirche in Lennep dieses Lied auf der Orgel spielen sieht, dann kann man alle Strophen lang sein schönstes Lächeln betrachten, denn das Lied hat über Tante Käthe gesiegt. Es steht seit Jahren im evangelischen Gesangbuch und erfreut sich immer noch großer Beliebtheit.

Niemand hatte damit rechnen können, dass sich eines schönen Sonntagnachmittags im Sommer 1962 ein so berühmter Gast im Altenheim einfinden könnte. Man war gerade dabei, Kaffee zu trinken. Alle hatten sich im Speisesaal versammelt: die Bewohner, die Hausmädchen, die Pflegekräfte, Tante Käthe als leitende Ordensschwester – eine fast heilige Zeit für alle. Auch der 14-jährige Hans hatte es sich mit einer Flasche Brause gemütlich gemacht. Da klingelte es. Wer nur hatte die Dreistigkeit, um diese Zeit unangemeldet zu erscheinen? Eines der Mädchen öffnete misstrauisch die Tür. Da stand ein kleiner, gutaussehender, verschmitzt dreinschauender Mann und begehrte Einlass. Das Mädchen ließ ihn warten und holte die Chefin, Tante Käthe. Die schrie laut auf und ihre Stimme überschlug sich vor Entzücken und Überraschung. Alle drinnen im Haus hörten, dass sich heute kein normaler Gast, kein Angehöriger der Senioren eingefunden hatte, sondern ein ganz besonderer. Während Schwester Käthe sich noch um ganz besondere Höflichkeitsfloskeln mühte, trat der Gast wie selbstverständlich ins Haus. Heinz Rühmann war gekommen, sein chices, blaues Coupé hatte er an der Straße abgestellt. „Ich wollte mir mein altes Zuhause einmal ansehen. Hier habe ich von 1913 bis 1914 gewohnt, als ich noch Schüler auf dem Röntgengymnasium war." Und damit eilte er die Treppe hoch und stand in dem Zimmer, in dem er damals mit drei weiteren Schülern in Stockbetten gewohnt hatte. Zu seiner Zeit diente das Gebäude noch als Alumnat, ein Wohnheim für auswärtige Schüler. „Alles noch wie früher – nur die Bewohner haben sich verändert und es ist so still hier“, bemerkte er beim Hinuntergehen. Schwester Käthe hatte vorgesorgt, den Hausmädchen rasch durch energisches Zunicken zu verstehen gegeben, dass man diesen Gast unmöglich wieder entlassen könne, ohne ihm ein Kännchen Kaffe und ein dickes Stückchen Sahnetorte angeboten zu haben.

Und so saßen sie eine Weile zusammen bei Kaffee und Kuchen im Saal, die älteren Bewohner inzwischen informiert, die Hausmädchen neugierig tuschelnd und herüberschauend. „Kann ich hier rauchen?“ Schwester Käthe konnte nicht gleich antworten, sie rang eine Sekunde lang um Fassung. In ihrem Hause rauchen – das glich einem Sakrileg! Das hatte sie noch niemand zu fragen gewagt. Sie nickte gequält freundlich, sprang auf und suchte einen Aschenbecher. Aber es gab keinen, im ganzen Haus nicht. Noch bevor jemand in der Küche eine Untertasse besorgen konnte, hatte der Mann von Welt die Asche seiner Zigarre in einen Blumentopf entsorgt. Mit den Alten scherzend stand er da, voller Lebensfreude, aus der guten alten Zeit erzählend, als er noch ein ganz normaler Pennäler war. Seine Streiche waren wie die der anderen, seine Träume die eines Heranwachsenden. Fast alle kannten seine Rolle in der „Feuerzangenbowle“, aber jetzt war es so, als wäre er leibhaftig aus dem Film herausgestiegen und wieder der Schüler „Pfeiffer mit drei F, eins vor dem Ei, zwei hinterm Ei.“. So jungenhaft und schelmisch grinsend stand er vor ihnen, wie damals im Film, als er sich als Neuling der Klasse vorstellte. Und hatte das Äußere des Röntgengymnasiums nicht auch diesen altehrwürdigen Charme, wie das Schulgebäude in dem Film, der Eingang, das Treppenhaus, die Klassenräume? Rühmann hatte es plötzlich eilig. Er versprach wiederzukommen, grüßte die Anwesenden, nickte herzlich dem kleinen Hans zu und verschwand.

Die Bewohner jedoch schwelgten noch lange in Erinnerungen an diesen berühmten Besuch und das so plötzliche Auftreten des ehemaligen Schülers aus Lennep. „Seitdem habe ich mir fast alle Rühmann-Filme angeschaut und bin ein Fan von ihm geworden", erzählt Hans heute noch immer wieder.

Lennep hatte sich verändert. Hans bemerkte es schon bald, wenn er von der Schule nach Hause ging. Die Altstadt war zum Teil abgesperrt, die Straßennamen wurden durch englische ersetzt, die Reklameschilder englisch überklebt, alles sah irgendwie anders aus als vorher.1961 drehte der WDR hier die sechsteilige Krimiserie „Das Halstuch" nach einem Roman von Francis Durbridge. Als die Fernsehserie im Januar 1962 ausgestrahlt wurde, waren die Straßen in der BRD wie leergefegt. Vom 3. bis 17. Januar hielten die Bundesdeutschen den Atem an. Wer ist wohl der Mörder?

Hans Friesen war gerade mal 13 Jahre alt und schaute den Dreharbeiten zu, wann immer er konnte. Das Fernsehen in unserem verträumten Städtchen! Darauf sind die Lenneper heute noch stolz. Hans äugte hinter die Absperrungen, wo es nur möglich war. Heinz Drache, der Kommissar im gleißenden Licht der Scheinwerfer, englisch gekleidete Straßenpassanten, eine echte englische Telefonzelle, eigenartige Beleuchtungen in den Straßen, die man extra von der Insel geholt hatte. Lennep war für kurze Zeit zum Mittelpunkt cineastischer Begeisterung geworden.

Hans war begeistert von der Welt des Films, in die er für kurze Zeit eintauchen konnte. Er staunte über den großen technischen Aufwand für einige wenige Szenen, über eine künstliche, fremde und kurzlebige Atmosphäre, in der noch keine Zusammenhänge zu erkennen waren. Er sah die Schauspieler hin- und hereilen, sah ihre ausladende Gestik, ihre starke Mimik. Alles schien so flüchtig und fremd. Ob diese Welt für ihn Zukunft hatte?

Hans hat sich anders entschieden. Seine Leidenschaft gilt der Kunst der Musik und den Menschen, die darin zu Hause sind.

Und so ist er bis heute der Musik treu geblieben, dem Städtchen Lennep und dem Kirchenchor der evangelischen Gemeinde. Auf unzähligen Hochzeiten, Geburtstagen und anderen Feiern hat er Musik gemacht, die Menschen durch sein Tastenspiel und seinen Gesang erfreut – und nicht zuletzt durch seine fröhliche Art, Musik zu vermitteln. Mit dem Auto, vollgestopft mit elektronischen Geräten, mit Keyboard, Verstärkern und Lautsprechern ist er jahrelang unterwegs gewesen, um alle nur erdenkliche Musik unters Volk zu bringen. Hans ist ein Vollblutmusiker, der sogar etliche Male auf den großen Kreuzfahrtschiffen auf dem Rhein unterwegs war und in englischer Sprache oder auf Niederländisch Frohsinn verbreitet hat. Da hat ihn keine gestrenge Tante Käthe mehr kontrollieren können und kein „Maggi"- Bleistift ist auf seine Finger niedergesaust, jetzt konnte er sich vollständig der Musik hingeben und alles war gut.

2/ Woher kam, was wir zum Leben brauchten

In einigen Städten gibt es sie schon, und sie setzen ein hoffnungsvolles Zeichen: die „Unverpackt"-Läden. Hier gibt es Essig und Öl, Hülsenfrüchte, Nudeln, Reis und ähnliches zum Abfüllen. Super-

Christel (links) mit Freundin

märkte haben ihre Waren zum Teil offen und ohne Plastikverpackung zum Entnehmen und Abwiegen in der Gemüseabteilung liegen: zum Beispiel Walnüsse, verschiedene Salatsorten oder Kartoffeln.

Aber brauchen wir wirklich ganzjährig Erdbeeren aus Israel, Avocados aus Chile, kleine Müsli-Plastik-Packungen für den Ein-Personen-Haushalt? Brauchen wir eine Auswahl von 20 verschiedenen Duschgels, 30 verschiedene Haarshampoos? Unzählbar viele Plastikfläschchen stellen die Kunden vor anstrengende Kaufentscheidungen. Immer größere Angebote in den Drogeriemärkten lassen die

Käufer zu Markenfetischisten werden. War Seife, in Papier eingepackt, nicht besser für die Umwelt, und hat sie uns nicht auch die Haut gereinigt?

Ja, es gab einmal eine Zeit, da schob man nicht den übervollen Einkaufswagen stumm vor sich her zum Auto auf dem Parkdeck.

Der Krämerladen in Bliedinghausen

Christel Schulze

Bis 1981 hat er sich gehalten, der Krämerladen der Familie Mörchen in Remscheid.

Es war in den 20er Jahren, als die junge Emma Hartmann auf die Idee kam: Wir machen auf dem „Bliedinghauser Kopf" einen Laden auf. Ein Gedanke, aus der Not geboren, denn die betriebsbedingte Entlassung des Ehemanns, der in der Feilenfabrik Benner als Meister gearbeitet hatte, war absehbar.

„Hier in diesem Haus gab es schon mal einen Laden, es kommen bestimmt wieder viele Leute zum Einkaufen". So eröffnete Emma zusammen mit ihrem Mann Maximilian den Tante-Emma-Laden. „Die jüngste Tochter war noch kein Jahr alt, Klein-Luzie war mit vier Jahren schon einigermaßen verständig, aber der zwölfjährige Sohn Max litt an den Folgen einer Kinderlähmung und konnte kaum ohne Hilfe gehen. Gut, dass die 14-jährige Käthe schon mitarbeiten konnte wie eine Erwachsene. Wie wären wohl Haushalt und Geschäft sonst zu schaffen gewesen?

Schon um sieben Uhr öffnete der bekannte Krämerladen, der anfangs (also in den Jahren ab 1920) noch im Kellerraum am Hintereingang des Hauses zu finden war.

Aber der Mann war schon gegen vier, fünf Uhr in der Nacht mit Pferd und Wagen losgefahren ins Rheinische nach Witzhelden. Von dort stammte seine hübsche Frau, die er vor Jahren, als er zum „Freien" losgezogen war, immer zu Fuß besucht hatte. Sonntags, zweieinhalb Stunden hin, zweieinhalb Stunden wieder zurück. Mehr als einmal hatte er von den Heiratswilligen des Dorfes Schläge bekommen, weil diese die hübsche, kluge Frau nicht an einen „Dahergelaufenen" verlieren wollten. Aber er hatte letztendlich gesiegt. Und jetzt, als verheirateter Ladeninhaber suchte er die bekannten und verwandten Bauern auf, um Obst und Gemüse einzukaufen. Schnell wurden sie sich über den Preis einig. Im Frühjahr für Johannisbeeren, Salat und Spinat, im Sommer für Kirschen, im Herbst für Kappes, Äpfel und Kartoffeln. Alles packte er in Kisten auf seinen Wagen und trieb seine Pferde nach Hause. Am Geschäft hielt er an. Mittlerweile war der Vormittag fortgeschritten und die Kunden erwarteten ihn schon.

Der Laden „lief", und seit den letzten Jahren des zweiten Weltkriegs führte die nächste Generation das Geschäft: die jüngste Tochter Emmi zusammen mit ihrem Ehemann Fritz. Nach Kriegseinsatz und -verletzungen konnte dieser nicht mehr als Kaltwalzer eingesetzt werden und arbeitete jetzt als Geschäftsführer im Laden seiner Frau.

Die Geschäftsräume zogen nun aus dem Kellerraum um an die Straßenfront des Hauses.

In der Zeit nach dem zweiten Weltkrieg veränderte sich das Warenangebot mit wirtschaftswunderlicher Geschwindigkeit: Während es vor dem Krieg vor allem das zu kaufen gegeben hatte, was Bauern in traditioneller Landwirtschaft erzeugten, brachte die Wirtschaftshilfe aus Amerika neue Produkte wie Mais und Coca Cola, sowie neue Verarbeitungsformen von Lebensmitteln in die Geschäfte. Weißes Weizenmehl, Fertigprodukte, Süßigkeiten in bis dato nicht gekannter Auswahl. Diese Artikel machten den Ladenbesitzern und den Kunden viel Spaß, erforderten aber auch eine Anpassung der Läden.

Große Schaufensterscheiben gaben den Blick frei auf das Angebot, das immer wieder neu ausgestellt wurde. Besonders zu Weihnachten und zu Ostern waren die Auslagen sehenswert. Aber auch Plakate der Zeltmission hingen an der Scheibe, sie zeigten die christliche Gesinnung der Frau hinter der Ladentheke.

Die Familie mit drei Töchtern wohnte auch in diesem Haus ebenso wie die Familie von Emmis Bruder Max, der in der anderen Haushälfte ein Schreibwaren-, Zeitschriften- und Tabakgeschäft betrieb. Als Lotto-Annahmestelle sicherte dieser Laden auch einem Familienvater mit körperlicher Behinderung ein gutes Auskommen. Eine besondere Einnahmequelle bot der Verkauf von handgearbeiteten Pullovern an wohlhabende Familien. Diese großartigen Pullover mit Norwegermuster oder freien Bildmotiven strickte er selbst. Wider alle Rollenvorstellungen hatte seine Oma ihm, dem Knaben, das Stricken beigebracht, schon im Kindesalter. Wenn Nachbarkinder draußen spielten, sollte der polio-erkrankte Junge sich nicht langweilen. Jetzt, im Kiosk, konnte er die Wartezeit auf Kunden sinnvoll nutzen mit Stricken.

Zurück zum „Tante-Emma-Laden". Die Ladeneinrichtung aus den vierziger Jahren war vom Bliedinghauser Schreiner angefertigt worden. An zwei Wänden des etwa dreißig Quadratmeter kleinen Raumes befanden sich Regale, vor der dritten Wand wurden die Obst- und Gemüse-Kisten gestapelt und die vierte Wand war die Schaufensterfront mit der Eingangstür in der Mitte. Das wichtigste Möbelstück war aber die Theke, die als Winkel zwischen den Regalen und den Kundinnen stand. Im schmalen Gang dahinter flitzten nun die Ladeninhaber und manchmal auch ihre Helfer hin und her, um alles, was die Kundinnen wünschten, auf der Theke zu einem großen Stapel zusammenzulegen. Selbstbedienung gab es in den 50er Jahren nicht. Jede Kundin wartete geduldig, bis sie dran war und die Neuankömmlinge grüßten freundlich und hatten Zeit für ein kleines Schwätzchen: „Hast du schon gehört. Die Frau Becker liegt mit Fieber im Bett!" „Und Neumanns Karl ist schon wieder besopen nach Hause gekommen." „Der Rudi hat seine Ilse geschlagen, dass man es durch drei Türen hören konnte!"

Die Kinder im Laden spitzten die Ohren und bekamen alles mit. „Wann kocht Ihr denn mal wieder Panhas?" hörte man jetzt aus dem Mund einer Kundin. Frau Mörchen wusste aus gesammelten Blutwurstenden, Schinkenresten und Buchweizenmehl den leckersten Panhas weit und breit zuzubereiten, ohne Speckstückchen. Aber meistens kauften die Hausfrauen das, was fürs tägliche Kochen und Backen am notwendigsten war: Mehl, Zucker, Butter, Margarine, Kohl, Käse und Wurst, Gemüse und Obst der Saison. Mehl, Zucker, Salz und andere Lebensmittel gab es nicht fertig abgepackt in 1-Kilo-Tüten. Die Verkäuferin musste sich bücken, aus der Theke eine riesige Schublade in den schmalen Gang aufziehen und von dort mit einer großen Schaufel Mehl in einen selbst mitgebrachten Stoffbeutel oder eine Papiertüte füllen. Ein oder zwei Kilo konnte man mit der Waage bequem abwiegen, für das, was darüber hinaus ging, musste man Gewichte benutzen.

Öl gab es aus einem großen Metalltank, in den vom Chef regelmäßig der Inhalt einer 15-Liter-

Konservendose eingefüllt wurde. An diesem Tank war eine gläserne Messröhre, in die man mittels eines kleinen Kränchens die gewünschte Menge fließen lassen konnte. Dann wurde die Flasche oder der Krug der Kundin unter das Kränchen am unteren Ende des Messglases gehalten, und so konnte man die bestellte Portion, vielleicht einen halben Liter, einfüllen. Das war immer ein ungeliebter Auftrag, denn es hieß: „Vorsicht, bloß nicht mit dem Öl kleckern, solche schmierigen Flecken kriegen wir nur ganz schwer weggeputzt."

Für jede Kundin konnte so die gewünschte Ware auf die lange Theke gelegt werden, gerechnet wurde im Kopf oder auf einem Zettel. Die Bleistifte und Blöckchen lagen immer griffbereit. Es gab zwar in späteren Jahren eine Registrierkasse, aber für mehrere Kunden gleichzeitig und außerdem viel schneller ging es mit dem Bleistift schriftlich untereinander.

Die Kunden kamen zu Fuß aus der Nachbarschaft, 500 Meter in die eine, 500 Meter in die andere Richtung. Natürlich wurden auch Kinder von ihren Eltern mit Zettelchen geschickt, um einzukaufen. Für die Alten wurde auch gern mal ein Stuhl aus dem Lager herausgetragen und vor die Theke gestellt. Na ja, und wenn es nötig war, bekamen sie auch die volle Tasche nach Hause getragen. Schließlich hatten die Ladeninhaber doch Kinder, und die hatten Zeit.

Ja, wie lebten die Kinder der Ladenbesitzer? Als sie klein waren, wurden sie von Oma und Opa oder auch von einem Kindermädchen gehütet, aber ins Bett gebracht hat sie natürlich die Mutter, mit frommen Liedern und Gebeten. Waren die Mädchen vier oder fünf Jahre alt, konnten sie im Laden schon mithelfen. Christel saß oft auf der Stufe vor der Ladentür, den leeren Papiersack hatte sie zwischen die Beine gestellt und griff mit beiden Händen Kartoffeln aus dem großen Sack. Nach einigen Tagen konnte sie recht gut abschätzen, wie viele Kartoffeln etwa fünf Pfund ergaben.

Als Schulkind durfte sie auch schon selbstständig abzählen und verkaufen: die Herrlichkeiten aus den großen Glasgefäßen mit den bunten Bonbons, rote Himbeerbonbons, Salmiakpastillen in schwarz und silbern, Veilchenpastillen, Pfefferminz, Schaumerdbeeren und Schokolinsen. Eine kleine Tüte schon für zehn Pfennig. Natürlich durfte sie auch selber naschen …

„Renate, lauf mal schnell und sag Tante Marga Bescheid, dass wir sie heute Nachmittag brauchen!“ rief die Mutter manchmal der ältesten Tochter zu. An einigen Tagen war so großer Andrang im Laden zu erwarten, dass die Tante beim Verkaufen helfen sollte.

Überhaupt wurden die beiden älteren Töchter immer häufiger zum Mithelfen in den Laden gerufen. Spielen, Hausaufgaben, Verabredungen mit anderen Kindern – alles war zweitrangig, denn: „Von dem Laden müssen wir doch leben!“

Es kam auch schon mal vor, dass jemand nicht genug Geld dabei hatte, und natürlich gab es dafür das „große Buch“, in dem „angeschrieben“ wurde. Bei Kunden aus den „Eisbeinhäusern“, so wurden die schlecht beheizten städtischen Häuser für Obdachlose genannt, kam das häufiger vor. Und manchmal guckte Frau Mörchen kritisch in das Anschreibeheft und sagte, wenn sie dort eine größere Schuldensumme sah: „Jetzt kann ich Ihnen aber nicht mehr Wurst und Käse geben, nur noch das Allernotwendigste." Aber bei großer Not verschenkte sie auch etwas an Bedürftige, überreifes Obst, angewelktes Gemüse oder Brot, das nicht mehr ganz so frisch war. Die eigenen Kinder freuten sich darüber: Diese Lebensmittel wären sonst natürlich bei der Kaufmannsfamilie selbst auf den Tisch gekommen.

Ganzjährig gab es das zu kaufen, was haltbar war, in Pappschachteln verpackt und in großen Mengen angeliefert. Hinter dem Geschäft, durch eine Tür getrennt, befand sich der Lagerraum. Einmal in der Woche wurde angeliefert. Im Winter verkaufte Frau Mörchen sogar Hering. Der war noch nicht ausgenommen, das übernahm Opa Maximilian, der frühere Besitzer, in seiner Wohnküche. Rogen wurde als Kaviarersatz von der Familie gegessen, aus Milchner bereitete er eine köstliche Soßengrundlage für Heringsstipp. Sobald die Kundinnen wussten, „Opa Hartmann hat wieder Stipp gemacht", kamen sie mit ihren Porzellan- oder Steingut-Schüsseln, sie wollten unbedingt auch eine Portion bekommen.

Sehr beliebt waren aber auch Emmis panierte Koteletts. Ab den 60er Jahren hatte man eine große Kühltheke, die auch Fleisch fassen konnte. Wenn sich am Freitag oder Samstagmorgen abzeichnete, dass der eingekaufte Fleischvorrat bis zum Wochenende nicht verkauft sein würde, briet die geschäftstüchtige Ladenbesitzerin panierte Schnitzel und Koteletts, die bei der arbeitenden Bevölkerung in der Straße zum Samstagsvergnügen gehörten.

Pünktlich um 14:00 Uhr musste dann die Ladentüre geschlossen werden. Auch an den Wochentagen achteten die Zuständigen vom Gewerbeaufsichtsamt strengstens darauf, dass die Mittagspause von 12:30 bis 14:30 Uhr eingehalten wurde. Abends musste um 18:30 Uhr geschlossen werden. Aber natürlich kam es immer mal wieder vor, dass einige Leute auch nach Geschäftsschluss an die Haustüre klopften. Dann wurde in großer Heimlichkeit doch das Gewünschte verkauft, aber immer voller Angst vor möglichen Strafgebühren.

Auch während der Geschäftszeit kamen manche Kunden noch mit einem besonderen Anliegen: „Ihr habt doch Telefon, können wir wohl mal anrufen?“ „Na gut, aber bitte, für 23 Pfennig,“ hieß es dann. „Wieso denn, das kostet im Telefonhäuschen doch auch nur 20 Pfennig?“ wurde dann unter Umständen auch noch nachgefragt. Das Ehepaar Mörchen hätte sich eher die Zunge abgebissen, als zu sagen: „Bitte sehr, das nächste Telefonhäuschen steht 80 Meter entfernt.“ Immerhin bestanden sie auf den 23 Pfennigen, die sie auch selbst zu zahlen hatten.

Zum Service gehörte auch, dass Verwandte oder Bekannte der Kundschaft zum Laden hin anrufen durften. „Schnell, Christel, hol mal Frau Althaus von nebenan ans Telefon“, hieß es dann manches Mal und der Hörer wurde nicht auf die Gabel gelegt.

Alle Töchter lernten früh, das Kleingeld, was täglich eingenommen wurde, zu „rollen“, also zu sparkassentauglichen Rollen zu packen. Jeden Tag ging der Großvater mit der Tageseinnahme vom Vortag einen guten Kilometer zur Sparkasse und zahlte das Geld ein. Als die Mädchen etwa zehn Jahre alt waren, streifte der Vater dann ihnen die schwere Ledertasche mit dem Geld quer über die Schulter. So konnte die Tasche nicht abrutschen, und die kleinen Mädchen gingen mit mehreren hundert Mark zum Einzahlen allein zur Sparkasse. Das war für die Mädels sehr lästig, aber es ist niemals irgendetwas Schlimmes dabei passiert.

Der Krämerladen, später ein Koma-Geschäft

Natürlich kamen die Kundinnen mit ihrer eigenen Einkaufstasche. Die musste geräumig und stabil sein, um damit auch immer wieder Flaschen oder andere schwere Sachen sicher nach Hause bringen zu können. Aber zu groß wäre auch nicht gut gewesen, denn mit einer schweren Tasche kann der Heimweg doch sehr lang werden.

So ein „Tante-Emmi-Laden“ um 1960 herum war eine Fundgrube für die Dinge des täglichen Lebens: Neben Lebensmitteln, Obst und Gemüse gab es Schuhcreme und Schnürsenkel, Kopfschmerzpulver, Damenstrümpfe, Shampoo und Haarspray, aber auch Wein und Hochprozentiges und selbstverständlich Melissengeist. Wer auf dem Weg zu einem Besuch im Krankenhaus am Laden vorbeikam, ließ sich von Frau Mörchen ein Pappschälchen mit Obst dekorativ herrichten, und natürlich wurde bei Bedarf auch die Pralinenschachtel, die ein Geschenk sein sollte, hübsch verpackt.

In der zweiten Hälfte der achtziger Jahre wurde noch mal groß investiert: der winzige Geschäftsraum wurde etwas vergrößert, die Regale vom Schreiner wurden ausgemustert und auf Kredit wurde eine „moderne“ Ladeneinrichtung gebaut. Der Laden sollte ein Selbstbedienungsgeschäft werden, was schon aus Platzgründen nicht funktionieren konnte. Aber die ältere Kundschaft wollte weiterhin bedient werden, die Tasche eingepackt bekommen und natürlich auch ein Schwätzchen halten.

3/ Wie wir im Familienbetrieb gearbeitet haben

Wenn Mutter in der kleinen Küche stand, dann durfte sie dort niemand stören. Am wenigsten der Ehemann; denn dieser Wohnbereich war ihr Reich. So jedenfalls war in vielen Neubauten nach dem Krieg die Wohneinteilung. Dieser winzige Arbeitsraum wurde oft auch „Kochnische" genannt. Und in der Tat, es war eine Nische, ein Drehstuhl hätte gereicht, um alles zu erreichen. Aber die Familie war stolz darauf, dort drängten sich Spüle, Arbeitsfläche mit einem kleinen, untergebauten Kühlschrank, Herd, Hochschrank und manchmal sogar einige wenige Hängeschränke.

Der gute, alte Küchenschrank kam, wenn er nicht endgültig beseitigt worden war, in das Ess- bzw. Wohnzimmer. So arbeitete die Hausfrau quasi in Klausur, getrennt vom Rest der Familie. Wer ein Einsehen mit seiner ausgesperrten Frau hatte, durchbrach die Wand zur Kochnische und schuf eine sogenannte Durchreiche. Die war verschließbar, sodass ein Besucher von aller kreativen Kocharbeit, allen Mühen und Kochdünsten nichts oder wenig mitbekam.

Die Zeit der schönen, großen Wohnküche, in der sich den Tag über alles abspielte, in der gekocht, gegessen, gefeiert und gebügelt wurde, in der die Kinder spielten und unter den Augen der Mutter Schularbeiten machten, war damit vorbei. Die Kochnische hat sich sicherlich nicht in allen Wohnungen durchgesetzt, aber sie war ein Symbol für die Rollenverteilung von Mann und Frau, die über viele Jahre nicht angetastet wurde. Die Frau zog sich in ihre kleine

Welt zurück oder wurde dorthin gedrängt, herrschte dort, ganz wie man es verstehen möchte und bediente die Familie durch die Durchreiche.

Diese klausurartigen Miniküchen gibt es glücklicherweise heute kaum noch; die zahlreichen Hightech-Küchengeräte mit dem riesigen Kühlschrank, die Kochinsel, die ausziehbaren Schrankteile: Das alles hätte gar keinen Platz gehabt. Die Kocharbeit ist Familiensache geworden. Alle beteiligen sich, der Mann trägt Schürze, Kochen ist zu einem Event geworden; besonders an Wochenenden, wenn Freunde kommen.

Damals war der Ehemann Haushaltsvorstand, sein Nachname war Familienname, wurde an die Kinder weitergegeben. Noch bis 1976 durfte er bestimmen, ob die Ehefrau berufstätig sein durfte. Ohne seine Zustimmung, durfte sie kein Konto eröffnen.

Der Mann stand für das öffentliche, die Frau für das häusliche Leben. Sie war für die Erziehung der Kinder zuständig, führte in die Religion ein und war für Haus und Garten verantwortlich.

Der Mann verstand sich als Haupt der Familie mit allen Entscheidungsbefugnissen, während die Frau zur Einhaltung der ehelichen Pflichten, zu persönlichen Dienstleistungen und zur Unterordnung angehalten war. Noch 1957 ging der Gesetzgeber von der funktionalen Verschiedenheit der Geschlechter und der Hausfrauen-Ehe als gesetzlicher Norm aus. Danach war die Frau zur Haushaltsführung verpflichtet und zur Erwerbsarbeit nur berechtigt, soweit dies mit den Pflichten in Ehe und Familie vereinbar war. Erst 1977 wurde diese Normierung durch die Familienreform aufgehoben. Erst seit diesem

Zeitpunkt können die Eheleute per Absprache entscheiden, wie sie Haushaltsführung und Erwerbsarbeit regeln. Beide Ehegatten sind gegenseitig und gegenüber der Familie zum Unterhalt verpflichtet.

Wir haben uns gefragt, wie unsere Eltern miteinander klargekommen sind und ob die scheinbar eindeutige Rollenverteilung nicht doch manchmal zu offenen oder heimlichen Konflikten geführt hat? Und wie haben sich die Frauen und Mütter durchgeschlagen, die es als Kriegerwitwen besonders schwer hatten, ihre Rolle zu finden?

Und dann gab es noch die sogenannten Schlüsselkinder, die, wenn sie von der Schule nach Hause kamen, oft bis zum Abend allein zurechtkommen mussten, weil die Mutter oder beide Elternteile tagsüber arbeiten mussten.

Wie geordnet und stabil war das Familienleben wirklich, und welche Veränderungen brachte die zunehmende Berufstätigkeit der Frauen mit sich?

Reichsautobahnen Köln, den 12. 3. 1937

Oberste Bauleitung Köln

K XIII Lg 20 Le Dorfhonnschaft

Herrn

Friedrich Hulverscheid, Ackerer u. Ehefrau

Bollinghausen b. Wermelskirchen

Der Bau der Reichsautobahnen nimmt in dem Arbeitsbeschaffungsprogramm der deutschen Reichsregierung eine besondere Stelle ein.

Soll die Zahl der Erwerbslosen weiter sinken, ist ein möglichst schleunige Einstellung neuer Arbeitsmassen notwendig. Auch die neue Reichsautostraße Köln - Hagen wird Tausenden arbeitsloser Volksgenossen Arbeit und Brot bringen.

Der Sozialismus der Tat erfordert rasches Handeln zum Wohle der Gemeinschaft unter Hintansetzung eigener Interessen. Da der Ausbau der Strecke Köln - Hagen auch Ihr Grundstück Gemarkung Dorfhonnschaft

berührt, bitten wir Sie um die Erlaubnis, ~~etwa ab~~ sofort ~~193..~~ dort mit den Bauarbeiten beginnen zu dürfen. Durch Erteilung der Bauerlaubnis helfen auch Sie mit, das große Werk des Führers zu vollenden.

Ihr Einverständnis mit dem Beginn der Bauarbeiten auf Ihrem Grundstück glauben wir daher annehmen zu dürfen.

Wir werden alsbald die Verhandlung über die Ihnen zustehende Entschädigung aufnehmen.

Nähere Auskunft über die Inanspruchnahme Ihres Geländes erteilt Ihnen die Oberste Bauleitung Köln.

Sollten Sie das Grundstück verpachtet haben, bitten wir um Angabe des Namens und Wohnortes des Pächters.

Heil Hitler !

Horstmann

Marlene und Walter Hulverscheidt

Walters Vater, der Landwirt Walter Hulverscheidt senior, hatte seinen Hof in Wermelskirchen-Bollinghausen, und die A1 wurde mitten durch die Felder und Wiesen gebaut. Das war in den 30er Jahren, und Walter junior erinnert sich noch heute an den riesigen dampfbetriebenen Schaufelbagger, der sich durch Grund und Boden seines elterlichen Bauernhofes fraß, um Platz für „Hitlers Autobahn“ zu machen. Ein eindrücklicher Brief der Reichsregierung machte damals klar, dass sich niemand dem Fortschritt der neuen Zeit zu widersetzen habe – und dazu gehörte unter anderem der Bau von Schnellverkehrsstraßen, die das ganze Deutsche Reich durchziehen würden.

Heute gibt es diesen Bauernhof nicht mehr. Neue Gebäude sind dort entstanden, wo früher Kühe und Schweine untergebracht waren und der Hof ist durch Lärmschutzwände vor den immerwährenden Fahrgeräuschen der A1 geschützt. Zwischen dem Heute und der Zeit vor dem Krieg liegen die Jahre der Veränderungen, die das umtriebige Bauernehepaar Walter junior und seine Frau Marlene, geborene Berg, so nachhaltig geprägt haben. Ihr Lebensmotto lautet bis heute: „Nichts muss so bleiben, wie es mal war.“

Und so sitzen uns die Beiden in ihrem modern eingerichteten Haus bei Kaffee und Kuchen gegenüber und erzählen davon, wie sie die Herausforderungen des Wandels in ihrem Leben gemeistert haben.

Die Kochnische mit der Durchreiche ist natürlich längst verschwunden. Nichts erinnert heute mehr an die Zeit der entbehrungsreichen Kriegs- und Nachkriegsjahre oder das damalige bäuerliche Wirken, das Wohnen und Arbeiten ganz eng miteinander verband und bei dem der Geruch nach Kuhstall bis ins Wohnzimmer drang.

Walter und Marlene sind das Gegenteil von veränderungsresistenten Bauersleuten, und sie haben sich ihren Weg nicht ohne Mühen und Fleiß erarbeitet und dabei nicht vergessen, wie es einmal war.

Als der 2. Weltkrieg anfing, war Walter gerade einmal drei Jahre alt. Den Hof bearbeiteten die Eltern und die Großeltern. Schwester Hanna und der kleine Walter halfen, wo sie nur konnten. Das Arbeiten der Kleinen war von ihrem kindlichen Spiel kaum zu unterscheiden. Arbeit war Spiel und Spiel war Arbeit.

Jeder kannte seine Pflichten. Das Melken und Füttern der Tiere, die jahreszeitlich bestimmten Arbeiten auf dem Feld und auf dem Hof gaben den Takt vor. Hier war der typische Bergische Kleinbauernhof zu Hause: Kleine Ackerflächen, Weiden für die Kühe in Hanglage, dazu ein paar Schweine und Hühner – ausreichend für eine Familie mit zwei Kindern und den Großeltern, die mit im Haus wohnten und mithalfen, wo sie nur konnten.

Der Krieg veränderte alles. Der Vater wurde eingezogen, die Arbeit musste neu aufgeteilt werden, ein ukrainischer sogenannter Fremdarbeiter übernahm Teile der Arbeit, die Großeltern und die junge Bäuerin arbeiteten bis an die Grenzen ihrer Leistungsfähigkeit.

Für den kleinen Walter war der Krieg mit all seinen Veränderungen und Schrecken auch ein Stück Abenteuer. In der Schule fanden sich immer wieder neue Flüchtlingskinder ein. Soldaten mit ihren Waffen und Fahrzeugen bestimmten den Verkehr auf den schmalen Straßen, Wehrmachtsberichte und Durchhalteparolen füllten die Radiosendungen.

Das Bild des Vaters verblasste in der Erinnerung des kleinen Sohnes. Nur selten kam er von der Front nach Hause; Briefe, heiß erwartet, halfen nicht über seine Abwesenheit hinweg. Und immer öfter – so erinnert sich Walter heute – saßen Kinder traurig in der Schule, weil ihr Vater gefallen war. Gefallen – ein merkwürdiges, erklärungsbedürftiges Wort für den Kleinen, das seinen Schrecken mit der Dauer des Krieges langsam verlor. Es war für ihn schon fast normal, dass man so beim gemeinsamen Essen über die sprach, die nicht mehr zurückkommen würden.

Und immer öfter heulten die Sirenen. Bombenalarm, auch nachts. Da mussten alle schnell mit dem Nötigsten in den Keller. Aber immer war es gut gegangen, das Gedröhn der Flugzeuge hatte sich stets verzogen.

Am 4. November 1944 um 14:00 Uhr meldete der Funk: „ein starker Feindverband fliegt von Koblenz kommend Wuppertal an." Walter erinnert sich genau: „Ich sollte an dem Nachmittag Kühe hüten, aber dann sind wir alle in unseren Keller gerannt. Das Dröhnen der Bomber wurde immer lauter, und dann hörten wir die ersten Detonationen. Immer, wenn die Bomben in unserer Nähe explodierten, spürten wir den Luftdruck in unserem Keller. Er war so stark und anhaltend, dass die Klappen der Kellerschächte minutenlang hin und her klapperten."

Und dann traf es auch das alte Bauernhaus der Hulverscheidts. Es waren eine oder mehrere Brandbomben, die ihren Inhalt vom Dachboden aus verschütteten. „Das brannte langsam, unlöschbar, von oben nach unten. Da half kein Wasser, nichts. Es knisterte und knackte auf dem Speicher und der Phosphor lief an der Haustür herunter. Wir mussten raus aus dem Keller und über ein Meer von heruntergefallenen Dachziegeln steigen und zusehen, wie unser Haus langsam ein Opfer der Flammen wurde. Betten, Schränke, Treppen gaben den Flammen reichlich Nahrung."

Der kleine Walter spürt zum ersten Mal in seinem Leben die Hilflosigkeit der Erwachsenen, und ahnt, dass nichts und niemand auf der Welt ihn vor einem solchen Inferno schützen könne. Diese Erfahrung, schutzlos ausgeliefert zu sein, hat sein Leben weiterhin geprägt, hat ihn vielleicht bis heute stark gemacht.

Am 4. November brach die Katastrophe über viele Ortsteile von Wermelskirchen herein. Der Fliegerangriff galt eigentlich Solingen, aber etliche Bomben trafen auch die kleine Ortschaft Bollinghausen.

In der Broschüre „Wermelskirchen-Hünger und der 4. November 1944" ist zu lesen, wie der Fliegerangriff große Teile der Ortschaften zerstört hat.

Im Gedenkgottesdienst, 50 Jahre später, fasst Pfarrer Potthoff in seiner Predigt in der Kirche Hünger das Grauen eindrucksvoll zusammen:

„Über 80 Tote in ganz Wermelskirchen, darunter 21 unter in ihren Häusern in Hünger Verschüttete, und 22 Soldaten, die unter den Trümmern der Schule begraben wurden. 85 Verwundete, Hunderte zerstörter und beschädigter Häuser, die Kirche Hünger schwer getroffen, das Pastorat unbewohnbar. Ganze Familien wurden ausgelöscht. Kein namenloses Leid, sondern mit Namen und Vornamen und Lebensgeschichte bekannte Männer und Frauen und Kinder. In Kellern hockend, brachen die Häuser über den Menschen zusammen."

Dieses schreckliche Erlebnis, innerhalb einer Stunde alles zu verlieren und mit dem Leben gerade so davon gekommen zu sein, hat bleibende Auswirkungen gehabt, besonders für die Entwicklung der Kinder. Es hat ihr späteres Leben bestimmt, hat sie möglicherweise hart gemacht, hat sie gelehrt, dass nichts so bleiben kann, wie es einmal war. Es hat sie spüren lassen, wie flüchtig und verletzbar ein Leben sein kann. Mag sein, dass so manches Kind eine Menge verdrängen konnte, mag sein, dass die Kinder der Kriegsgeneration später besonders unerbittlich an dem festhalten wollten, was sie geschaffen hatten. Mag sein, dass die Erlebnisse sie bis in ihre Träume hinein verfolgt haben und sie ein Stück weit gelernt haben, das zu tun, was am Tag zu tun war und mehr nicht.

Und wenn Walter heute von dieser Katastrophe erzählt, dann wird der Schrecken wieder spürbar, der die Mutter mit ihren beiden Kindern erfasste und auf Jahre verändern sollte.

Und wir haben uns als interviewende Zuhörer gefragt: Wie kann eine Bauernfamilie aus dieser traumatischen Erfahrung herausfinden, Hoffnung entwickeln und einen Neustart versuchen?

Die warnenden Sirenentöne eines Fliegeralarms haben sich bis heute tief in Walters Erinnerung festgesetzt und „jedes Mal, wenn zu Silvester die Raketen heulend in die Luft steigen, dann ist der 4. November wieder da, dann erinnert alles wieder an die heulenden, fallenden Bomben."

Teile des Bauernhofes konnten gerettet werden, die Kühe und die meisten anderen Tiere überlebten und mussten vorübergehend umquartiert werden. Auch das Pferd, von einem Bombensplitter schwer getroffen, überlebte und hat noch bis in die 50er Jahre treu gedient. Die Familie kam vorerst bei Nachbarn unter und musste von dort aus den Hof betreiben.

Vier Wochen später starb die Frau des Nachbarn, und wieder musste eine neue Unterkunft gefunden werden, „denn es war nicht schicklich, dass der Nachbar mit unserer Mutter unter einem Dach wohnte", erinnert sich Walter.

„Die nächste Unterkunft fanden wir wiederum bei Nachbarn 200 Meter von unseren Wirtschaftsgebäuden entfernt. 14 Monate später zogen wir in eine Fertigbaracke um, die unsere neue Bleibe wurde".

Als der Krieg endet, sind die Fremd- bzw. Zwangsarbeiter frei. Auf einem großen Lastwagen werden sie abtransportiert. Der neunjährige Walter erlebt, wie sie während der Fahrt durch den Ort mit Ziegelsteinen in die Wohnungen werfen. „Da hatte ich schreckliche Angst. Ein Stein ist durch unser Fenster geflogen und unter unserem Bett gelandet."

Erst 1948 kommt der Vater aus russischer Kriegsgefangenschaft nach Hause. Er ist endlich frei, aber er ist ein anderer geworden, ein Fremder für den Sohn. Walter ist zwölf Jahre alt, viel zu reif für sein Alter, eine feste Größe auf dem Hof, wenn es ums Arbeiten geht. Mit 14 Jahren ist die Volksschule zu Ende und es gibt keine Diskussion darüber, was danach kommt. „Ich wurde nicht gefragt, ob ich Landwirt werden wollte, das war für alle klar. Aber später habe ich mich durchgesetzt und mir einen Lehrbetrieb in Langenfeld gesucht und dort ein Jahr gelernt, auch wenn Vater dagegen war. Da durfte ich einen Trecker fahren und hatte die Gelegenheit, Neues zu erfahren, das ich später auf dem eigenen Hof umsetzen wollte."

1951 wurde das Bauernhaus wiederaufgebaut. Es gab Kredite vom Land und der Vater hatte wieder die Kraft, nach vorne zu schauen. Überall wurde gebaut und repariert, angeschafft und investiert. Die Aufbruchstimmung hatte alle ergriffen. Die Deutsche Mark war stabil, die Bauern kauften sich Landmaschinen und stiegen auf Traktoren um, Pferde, die einen Wagen zogen, wurden zur Ausnahme. Ställe wurden erweitert und weiteres Vieh angeschafft, ganz kleine Höfe gaben auf und verpachteten ihr Land an größere Betriebe. Es ging aufwärts, auch bei den Hulverscheidts in Bollinghausen. Mit ihren zwölf bis 13 Kühen, und mittlerweile 60 Mastschweinen, kam die Familie gut zurecht.

Der Jungbauer Walter schmiedete Pläne für die Zukunft: Ein neuer Stall für 200 Schweine musste her. Das war viel für die damalige Zeit. Das war gewaltig für Bergische Verhältnisse. Nur so war der kleine Hof zu retten, wenn man sich spezialisierte.

Aber es kam wieder einmal anders. Die Berater der Landwirtschaftskammer rieten Walter und seiner Frau Marlene aufzugeben. „Machen Sie was anderes,

Herr Hulverscheidt, ihre Hofgröße hat keine Zukunft. In zehn Jahren läuft das nicht mehr so gut."

Schlaflose Nächte im Bauernhaus waren die Folge dieses Ratschlags. Keiner aus der großen Bauernverwandtschaft hatte bisher aufgegeben. „Sollten wir die ersten sein?" Das junge Bauernpaar spürte den gewaltigen Druck der Tradition bäuerlichen Lebens und Arbeitens. „Können wir so einfach aufgeben, was unsere Familie seit Generationen ernährt und geprägt hat?"

Walter machte eine Ausbildung zum Milchkontrolleur. Dann wurden die Kühe verkauft – der Abtransport der Kühe, ein leerer Stall, das gehört zum Schlimmsten, was einem Bauern passieren kann. Neben dem Anbau von Getreide wurden weiterhin im Jahr gut 120 Schweine gemästet und 400 Zentner Kartoffeln verkauft und teilweise bei der Kundschaft eingekellert. Neben der schweren Arbeit auf dem Hof, abends, wenn alles getan war, studierte er Bücher, musste sich mit EDV beschäftigen, die Lochkarten für die Hollerithmaschine ausfüllen und Akten anlegen. Walter Hulverscheidt arbeitete nun als Milchkontrolleur beim Landeskontrollverband. Jetzt musste er die Höfe besuchen, die noch durchhalten wollten, musste Milchproben für das Labor entnehmen, Daten erheben und so manche Frage aushalten, warum gerade er mit seiner Familie aufgeben wollte.

Wenn Marlene und Walter heute darüber sprechen, dann ist es so, als müssten sie sich immer noch ein wenig rechtfertigen für das so andere Leben, das jetzt Einzug in das ehemalige Bauernhaus gehalten hat. Dann schwingt neben der Trauer über die Aufgabe des Hofes aber auch klammheimlicher Stolz über den Mut mit, Altes loszulassen, etwas Neues anzupacken und nach vorne zu blicken; denn: „Nichts muss so bleiben wie es mal war."

Dieses Motto haben sie nun weitergegeben an ihre drei Kinder und Enkelkinder. Noch gibt es einige landwirtschaftliche Gerätschaften und den Traktor in der neuen Halle – Zeugen einer bäuerlichen Tradition, die es immer schwerer hat hier bei uns im Bergischen.

Vor dem Bauernhaus

Hans-Helmut Hammes

Sein Herz schlägt für die Heimat, das Bergische Land: Hans-Helmut Hammes ist der ehemalige Schulleiter des Röntgen-Gymnasiums in Remscheid-Lennep. Seit 2007 bewohnt er mit seiner Frau ein schönes Einfamilienhaus mit großzügigem Garten in zentraler Lage in Lennep. Wenn man seine gepflegten, schmalen Hände sieht, seine schlanke Gestalt, das immer noch jungenhafte Aussehen, glaubt man kaum seinen Worten: „Am liebsten mach' ich mich dreckig und arbeite im Garten oder in meiner ‚Werkstatt' in abgetragener Kleidung." So hätte sein Lebensweg verlaufen können, mit Schmutzigmachen bei der Arbeit, mit großen körperlichen Anstrengungen. Wieso kam es anders?

Aufgewachsen ist er in Wuppertal-Cronenberg, im Ortsteil Küllenhahn, der heimlichen „Hauptstadt" Cronenbergs. Dort, wo damals jeder jeden kannte. Wo man drei Sorten Menschen unterschied: „Schwatte, Witte on Küllenhahner", wie er heute verschmitzt angibt. 1949 wurde er hineingeboren in eine Familie von „Kleinindustriellen". „Wäm gehürsch du dann?", wurde er anfangs gefragt, wenn er in einem nahegelegenen kleinen Geschäft zum Einkaufen ging und wenn ihn in der Nachbarschaft jemand zum ersten Mal sah. Es wurde Platt gesprochen in seiner Familie, im Betrieb, in der Nachbarschaft. „Wäm gehürsch du dann?" (Zu wem gehörst du denn? Aus welcher Familie kommst du?) Das wollten die Menschen drumherum wissen. Denn man gehörte zusammen und hielt zusammen, damals. Zwischen den Häusern und kleinen Firmengebäuden gab es keine Zäune, keine Hecken. Die Kinder spielten mal hier, mal dort, keiner jagte sie vom Hof.

Im Gegenteil, die Nachbarn freuten sich, wenn die Kinderschar draußen ausgelassen spielte. Mit neun, zehn oder elf Jahren hieß es nachmittags von den Jungen: „Vir gonnt ennen Bosch!“ („Wir gehen in den Busch!“) Dort im Unterholz konnten sie ungestört und unkontrolliert von den Erwachsenen spielen und toben. Zum Budenbauen hatte sich Hansi (wie er von seinen älteren Cousinen genannt wurde) im Nachbarbetrieb einige Nägel erwünscht und bekommen. Bestimmt etwa hundert Paketnägel, die der Arbeiter ihm in den alten Hut warf. Hansi hatte auch ein kleines Beil von zu Hause mitgebracht, und so konnten die Jungen ungestraft einige schlanke Birken im Wäldchen fällen. Der Fantasie waren keine Grenzen gesetzt.

Zu Hause in der Familie war Hans-Helmut zwar das einzige Kind, aber trotzdem nicht ohne geschwisterähnliche Beziehungen. Benachbart im Vorderhaus wohnte die Familie von Onkel Ewald mit Frau und drei Töchtern, seinen wesentlich älteren Cousinen. Wie konnte man zweimal so kurz nach Ende zweier Weltkriege ein so großes Haus bauen, fragt sich Hans-Helmut heute noch. Seine Eltern und er wohnten in der ersten Etage des Kontorhauses in der Kemmannstraße 124, das 1948/49 vor den Betrieb gebaut worden war. Seine Mutter hatte oft darunter gelitten, wenn es in der Küche dröhnte und vibrierte vom Schlagen der Fallhämmer unten im Betrieb. Obwohl die Hämmer gegründet waren, drangen die harten Schläge in regelmäßigen, kurzen Abständen nach oben und „gingen ihr durch Mark und Bein“. Wichtiger als das Wohnen im Haus war allerdings das Arbeiten im Haus, in der unteren Etage des Kontorhauses und im Betriebsgebäude von 1919, das 1954 durch einen Anbau gleicher Größe erweitert wurde.

Seit 1919 waren die Hammes, wie viele Einheimische in Cronenberg, sogenannte „Kleinindustrielle". (Dr. Diederichs vom Stadtarchiv prägte hierfür den Begriff „Schmettekanten" in Anlehnung an „Fabrikanten". Im Plattdeutschen spricht man nicht von Fabrik oder Betrieb. Aus der Tradition des Schmiedehandwerks kennt man eben nur das Wort „Schmette")

Der Großvater Ewald hatte diese Schmiede gegründet, zusammen mit einem Kompagnon konnte er 1919 Geld in den Aufbau von Gebäuden und für die Anschaffung von Schleifsteinen, notwendigen Werkzeugen und einfachen Maschinen stecken. Er war gelernter Schlosser, hatte lange Jahre in der nahe gelegenen Schraubenfabrik die Dampfmaschine bedient und anschließend die kleine Fabrik, zunächst für Fahrradwerkzeug, gegründet. Die Vorfahren der Großeltern hatten noch als Bauern gearbeitet, aber aufgrund des Realteilungsrechts wurden im Erbfall die Ländereien für den Einzelnen zu klein. Um ein Auskommen zu haben, mussten sich viele Bauernsöhne um einen Zugewinn bemühen. Notgedrungen entstanden so im Bergischen viele kleine Handwerksbetriebe: Sensenschmiede, Pfannenschmiede, Sägenschmiede, Messerschmiede, Nagelschmiede, Feilenhauereien, Schleifereien und so weiter. Der Firmengründer Ewald Hammes spezialisierte sich neben Fahrradwerkzeug auf die Herstellung von Zangen. Rohlinge wurden zu seiner Zeit schon von Gesenkschmieden aus Solingen bezogen. Weiterverarbeitung und Verkauf der Zangen war jetzt Aufgabe des Firmengründers. Voller Bewunderung spricht Helmut Hammes von seinem Großvater, der mit guten Ideen und großem Einsatz „die Firma hochgebracht hat". Seine Zangen waren weithin als Qualitätsprodukte bekannt und begehrt. Um Aufträge musste er sich kaum bemühen. Die Kunden kamen auf ihn zu und fragten nach. So war es auch später, als der Senior mit seinen drei Söhnen in der Firma arbeitete. Immer noch hatte der Alte das Sagen. Er führte das Regiment, auch über seine drei Söhne. „Unternehmer war der Großvater, der hat was auf die Beine gestellt“, resümiert Hans-Helmut jetzt. Auch seine Mutter hatte schon von ihm mit Anerkennung gesprochen. „Als der Opa noch lebte, da passierte noch was.“

Im Zweiten Weltkrieg war der Alte viele Jahre der einzige aus der Familie, der in der Schmiede arbeitete, zusammen mit wenigen Arbeitern. Alle drei Söhne wurden eingezogen und waren Soldaten an der Front. Nur wenige Häuser in Cronenberg wurden im Krieg zerstört, aber das Hammes-Haus wurde beim Angriff auf Solingen und Elberfeld von Brandbomben getroffen, der Betrieb blieb Gott sei Dank stehen.

Da war oft nicht ans Schmieden, Härten und Schleifen zu denken. Die Wohnung im schönen, großen Schieferhaus war zerstört. Der Senior, seine Frau und die jüngste Tochter bezogen die „Packstube“ der Firma, später die Räume im stehengebliebenen Keller des zerstörten Hauses. Für einige Wochen bekamen die Söhne Fronturlaub und konnten zu Hause den ersten Stock notdürftig wiedererrichten, vorschriftsmäßig mit niedrigerer Zimmerdecke, als „Behelfsheim“. Alle drei Söhne überlebten den Krieg, der mittlere Sohn kam als einer der letzten aus dem Kessel von Stalingrad heraus, schwer traumatisiert. Nach allem, was er gesehen hatte, wie konnte man noch an einen Gott glauben? Der Jüngste erreichte sein Elternhaus nach russischer

Kriegsgefangenschaft völlig abgemagert und lungenkrank. Im neu errichteten Kontorhaus vor dem Betrieb fand zunächst die Familie des Onkels mit drei Töchtern auf 28 Quadratmetern Platz zum Wohnen. Nachdem ein weiterer Stock auf das „Behelfsheim" gebaut worden war, konnte der Onkel hier mit seiner Familie einziehen, und das Kontorhaus wurde 1950 frei für Hans-Helmut und seine Eltern. Gebadet wurde freitags oder samstags in der Wohnküche im „Küven", weiß Helmut aus den 50er Jahren zu berichten. Wasser wurde auf dem Herd erwärmt, die kleine Zinkwanne auf den Boden gestellt. Anfang der 60er Jahre baute man in der Fabrikhalle eine gasbetriebene Härteanlage. Onkel Heinz, der „Tüftler" kam auf die Idee: „Jetzt können wir uns hier im Keller eine Dusche bauen. Wasser haben wir ja schon immer gehabt. Mit Gas können wir uns nun warmes Wasser bereiten!" So wurde im Keller eine Dusche gebaut, kein gefliestes Bad mit chromblinkenden Armaturen. Sie mauerten aus Ziegelsteinen eine viereckige Umrandung, der Schreiner lieferte einen Holzrost, der Klempner leitete Gas und Wasser hierhin, eine gebogene Stange hielt den Plastikvorhang. Kein Abflussrohr. Nach der Körperreinigung stand das Wasser in der „Duschtasse". Zum neuen Badevergnügen gehörte es, den Holzrost zum Trocknen herauszunehmen und das gesammelte Wasser mithilfe der betriebseigenen Pumpe nach draußen abzupumpen. Für den zwölfjährigen Jungen eher etwas beängstigend: der freitägliche Gang zur neumodischen Dusche durch die dunkle „Schmette". Kein Ton war jetzt zu hören. Von klein an waren seine Ohren an die Geräuschkulisse im Betrieb gewohnt.

Das Schmiede- und Härtefeuer gehörte für den kleinen Hammes zum alltäglichen Anblick. Der spezielle Geruch, der bei der Metallbearbeitung entstand, ist unvergleichlich. „Dieser Geruch nach Eisenspänen, Bohr-Kühlwasser und Ölschmiere gehört für mich zum Gefühl von Heimat!“ Der kleine Helmut war häufiger unten im Betrieb bei den Männern anzutreffen als oben in der Küche bei seiner Mutter. „Man machte sich keine Gedanken darüber, ob das gefährlich sein könnte“, sagt er heute mit leichtem Erstaunen.

Wenn der schwere Laster von der Gesenkschmiede aus Solingen kam, drückte er sich an die Hauswand und schaute mit großen Augen zu. „Wie stark war doch dieser Mann! Wie konnte ein Mann alleine so schwer tragen?“ Nicht nur Hans-Helmut staunte. Der Fahrer schob die volle Metallkiste bis an den Rand der Ladefläche. Der zweite Mann, der „Ablader“ stellte sich mit dem Rücken dorthin und ließ sich die Kiste auf die Schultern schieben. Schnell fasste er mit beiden Händen von vorne den Kasten und ging mit der schweren Bürde um das Haus herum, hinten durch die Türe der „Schmette“ in die Halle. Mit gewohnter Bewegung, einem plötzlichen Schulterruck, warf er den Inhalt des Blechkastens über den gebeugten Kopf nach vorne in den bereitstehenden leeren Kasten: Hunderte von Zangenrohlingen. Kein Gabelstapler erleichterte ihm die Arbeit, kein Rollenwagen – der wurde erst in späteren Jahren eingesetzt.

Schon mit fünf Jahren erhielt der kleine Hans-Helmut von seinem Vater ein Paar Holzschuhe und durfte nicht nur beim Arbeiten zuschauen, sondern auch mithelfen. Die Holzschuhe hatte sein Vater von einem Besuch bei einem holländischen Geschäftspartner mitgebracht. Eine Näherin hatte für den

Kleinen in Kindergröße ein „Blou-Lienen“ genäht. So sah er aus wie die kleine Ausführung eines Arbeiters in der Schmiede.

Alle in der „Schmette“ trugen „Blou-Lienen“, eine blaue Baumwollhose, dazu passend eine blaue Arbeitsjacke. Der Vater, dessen Brüder Ewald und Heinz, zwei Arbeiter und lange Jahre noch eine mithelfende, unverheiratete Tante – sie bildeten in Hans-Helmuts Kindertagen die Belegschaft.

Werkzeuge schleifen in der Schmiede

Sein Vater war der Geschäftsführer, der oft in der Härterei arbeitete, aber in großer Verantwortung die kaufmännischen Geschicke leitete. Onkel Heinz, der Automechaniker gelernt hatte, war der „Tüftler“ in der Schmiede. Er hatte manche kleine Maschine erfunden, um die Arbeit zu erleichtern. Jetzt sah man fast täglich den Fünfjährigen zwischen den hart arbeitenden Männern. Den Schleifsteinen durfte er sich nicht nähern. Das war dann doch zu gefährlich für ihn. Dort, an den künstlich hergestellten Schleifsteinen, saßen die beiden Arbeiter. Jeder hatte auf seinen angewinkelten Beinen eine hölzerne Schleiflatte mit einem Zangenrohling liegen. Mit Kniedruck gegen die Latte brachte er einen Rohling nach dem anderen an den Schleifstein. Eine anstrengende und gefährliche Arbeit. „Die Hosenbeine waren schnell durch, dann wurden die ‚Blou-Lienen' gelappt", kann sich Helmut erinnern. Die Hosen der Arbeiter wurden mit viereckigen Flicken verstärkt. Seine Hose damals war noch neu, und ganz stolz stand der kleine Junge an seiner „Fielbank". Dort, an seiner eigenen Werkbank mit eigenen kleinen Werkzeugen, durfte er in der großen, lauten, nach Metall riechenden Fabrikhalle „mitarbeiten".

Später, als etwa Zehnjähriger, verdiente er sich in den Schulferien im familieneigenen Betrieb etwas Taschengeld. Mit richtigem Werkzeug durfte er bohren, was nicht ungefährlich war. Bedingt durch den entstehenden Luftzug verfingen sich oftmals Haare im Bohrfutter. „Ich habe damals bestimmt Zehntausende von Fahrradmutterzangen gebohrt. Ich musste nicht, ich wollte."

Heute kann kein Schulkind erklären, was eine Fahrradmutterzange ist. Die Klassenkameraden damals konnten es, sahen sie sie doch zu Hause, wenn der Vater damit am Fahrrad hantierte. Aber kaum jemand konnte das Wort richtig schreiben. Hans-Helmut jedoch konnte dieses Werkzeug selbst bearbeiten und fertigstellen und in der Schule mehr als dieses Wort richtig schreiben. Erklären konnte er das Werkzeug sowieso: „Eine Fahrradmutterzange hat einen gebogenen Kopf, damit man beim gebogenen

Schutzblech vom Fahrrad das Rücklicht ab- oder anmontieren kann."

Der Großvater merkte, dass er ein heller Kopf war und entschied: „Dä Jong mott eis op de hühere Schul gonn. Dä sall sech eis de Fenger nit dreckig maken!" (Der Junge muss mal auf die höhere Schule gehen. Der soll sich mal die Finger nicht dreckig machen!) Lag es nur daran, dass der Enkelsohn in der Schule so gut lernen konnte? Oder hatte er vorausschauend im Blick, dass diese kleinen Betriebe keine Zukunft mehr haben würden? Hans-Helmut besuchte das Gymnasium, die Nachbarkinder mussten länger auf ihn warten, bis er zum Spielen rauskam. Aber Plattsprechen und Nachbarkontakte blieben ihm erhalten. „Plattsprechen ist für mich Heimat. Vielleicht bin ich der einzige aus meiner Generation, der noch richtig Platt kallen kann – meine Muttersprache", überlegt der ehemalige Schulleiter. Und seine Frau erinnert sich: „Wenn ich in eure Familie reinkam, wurde mit mir Hochdeutsch gesprochen." Als Remscheiderin konnte sie das Cronenberger Platt zwar verstehen aber nicht mitsprechen. Man wollte sie aber nicht ausschließen, und so bemühte man sich mit Hochdeutsch.

Damals in der Schmiede, im persönlichen Kontakt, aber auch meist am Telefon, wurde Platt gesprochen. Das schaffte Vertrauen, das verband die Menschen miteinander. „Nie hat mein Großvater hochdeutsch gesprochen, die Großmutter auch nicht", die aus ähnlichen Verhältnissen kam. Auch als Hans-Helmuts Vater und dessen Brüder im Jahr 1962 die Schmiede von ihrem Vater übernahmen, war dieser morgens immer der Erste, der unten in der Halle erschien, um 6:40 Uhr, erinnert Hans-Helmut sich. Die beiden Brüder des Vaters und die Arbeiter, die in der Nähe wohnten und zu Fuß kamen, waren pünktlich um 7:00 Uhr da. Da gab es kein Zuspätkommen, auch für die Familienangehörigen nicht.

Der Vater hatte oben in der Küche schnell ein Plätzchen gegessen, die anderen erschienen nüchtern. Sofort gab es für jeden genug zu arbeiten.

In der Schmiede

Frühstückspause für alle war um 8:45 Uhr, dann hatte Oma oder Mutter den Kaffee fertig und man ging nach oben in die Wohnküche. Nur notdürftig hatten sich die Männer die Hände gewaschen, die von der Arbeit mit den Zangenrohlingen immer schnell schmutzig waren. „Wir hatten die „Grüne Tante" in einer Dose auf dem Waschbecken in der Arbeitshalle stehen, einem Eckwaschbecken mit Abfluss nach draußen in die Schrottecke", weiß Hans-Helmut. Wir fragen: „Wieso Grüne Tante?" „Das war unsere Waschpaste für ölverschmierte Hände, grünlich, mit Sand zum Rubbeln, etwas süßlich nach Mandelöl riechend.“ Die Frühstückspause dauerte für die hart arbeitenden Männer etwa 15 bis 20 Minuten. Das einzige Telefon stand unten im Büro, und oft musste Hans-Helmut als Kind ans Telefon gehen, wenn die Erwachsenen Arbeit oder Essen nicht unterbrechen wollten. Der Junge meldete sich mit seiner dünnen Kinderstimme und musste dann immer an seinen Vater weiterverweisen. Er musste rufend durch Betrieb oder Haus laufen und seinen Vater ans Telefon holen. Noch heute ist ihm der Klingelton verhasst, und nur ungern nimmt er ein Gespräch an. Die Zulieferer und Kunden wussten, dass der Chef auch in den Esspausen morgens, mittags oder nachmittags zu sprechen war!

Die Kaffeepausen, die genoss er damals, wenn er in den Schulferien im Betrieb half. Natürlich wurde in den Fünfzigern der echte Bohnenkaffee mit Lindes-Kaffee gestreckt. Und die Arbeiter frühstückten nicht bei der Familie, sondern irgendwo in einer Ecke der Halle. Anfangs gingen die beiden Arbeiter mittags den Fußweg nach Hause und aßen dort zu Mittag. Immerhin dauerte die Mittagspause von 12:15 Uhr bis 13:30 Uhr. In späteren Jahren brachten sie ihren „Kostmüter“ (Henkelmann) mit und stellten ihn am späten Vormittag rechtzeitig in ein Wasserbad neben dem Schmiedefeuer. So konnten sie mittags löffeln, was die Ehefrauen am Tag zuvor zu Hause zubereitet hatten. Der jüngste Bruder des Vaters wohnte mit seiner Familie nicht in der Kemmannstraße und ging mittags etwa zehn Minuten bis nach Hause zum Essen. Die Arbeit war so hart, dass jeder eine kräftigende Mahlzeit und eine gute Erholungspause vertragen konnte. In den Familien von Ewald, Helmut und Heinz Hammes hatten die Ehefrauen im kleinen Lädchen, beim Bäcker und beim Metzger rechtzeitig eingekauft und nach Hause geschleppt, was für eine gute Hausmannskost taugte. Die Speise durfte durchaus recht viel Fett enthalten, war die Arbeit der Männer doch so anstrengend!

In der Woche wurde bis abends um 18:30 Uhr gearbeitet. Und auch samstags hatten sie nicht frei. Bis zum Mittag ging die Schufterei weiter, in den 50er Jahren bis 14:00 Uhr, später allmählich mit Verkürzungen, Mitte der 60er Jahre dann noch bis 11:30 Uhr.

Schon in den 20er Jahren gab es ein Auto in der Familie, ein Auto für alle, das auch privat genutzt wurde. Früher als bei anderen Familien. Betriebsbedingt, zum Ausliefern der zahlreichen Zangen, brauchte man ein Fahrzeug. Der Firmengründer hatte immer einen Opel. In den 50er Jahren war es ein Opel Kadett, danach ein Opel Rekord. Die schweren Metallkisten mit den verpackten Zangen wurden in den Kofferraum gehievt. „Freitags fuhr ich oft mit Opa und Onkel Heinz nach Remscheid oder Solingen zum Ausliefern. Oft fuhren wir mehrmals, weil ja nicht so viel Ware in den PKW passte", weiß Hans-Helmut aus den 50er Jahren. Immer hielt Onkel Heinz, der chauffierte, auf Geheiß des Großvaters an der nächsten Bäckerei an. Dann spendierte der Großvater für alle drei ein Brötchen, dazu von der nächsten Metzgerei ein dickes Stück Blutwurst oder Fleischwurst. „Ein Festschmaus für uns alle", betont Hans-Helmut. Später wurde ein kleiner Lieferwagen angeschafft, ein Opel Caravan.

Der Großvater selbst fuhr nicht Auto, aber er bestimmte über das Auto und befahl einem seiner

Söhne ihn zu fahren. „Sonntags fuhr man ihn schon mal zu seiner ältesten Tochter nach Lüttringhausen", erzählt Hans-Helmuts Frau. Und er selbst kann sich noch genau an die Autofahrten ins Oberbergische erinnern. „Da fuhr meistens Onkel Heinz, der hatte als Automechaniker die größte Leidenschaft fürs Fahren. Ohne Kopfstützen, ohne Anschnallgurte saßen wir im Auto, Kinder oft auf dem Schoß. Dann fuhren wir zu irgendeinem Ausflugslokal Richtung Bergisch Born und Wipperfürth. Abends standen wir an der Trecknase in Lennep regelmäßig im Stau", stöhnt er. Wir blicken ihn ungläubig an: „In den 60er Jahren schon Stau?"

Man unterhielt gute Geschäftsverbindungen, Hammes EHA-Zangen waren für Qualität bekannt. Sogar bis Holland exportierte man die unterschiedlichsten Zangen, vorwiegend Kombizangen, Seitenschneider und Telefonzangen. Ab und zu musste Hans-Helmuts Vater nach Holland reisen, „um dort zusammen mit dem holländischen Vertreter sein Gesicht zu zeigen". Zu Hause in Cronenberg konnte man sich über fehlende Bestellungen nicht beklagen. Selbst heute noch bekannte Firmen wie Knipex, Cimco und Eldi bestellten bei Hammes. In den 60er und 70er Jahren bestellte die Bundeswehr regelmäßig sehr große Mengen an Zangen. Ein Ausspruch des Vaters ist im Ohr geblieben: „Wo gehn denn die ganzen Zangen hin? Do heet jo baul jeder Landser en Kombitang en där Täsche!" (Da hat ja bald jeder Landser eine Kombizange in der Tasche.)

Stolz führt uns Hans-Helmut in den Keller. Dort an der Wand, wohl sortiert und aufgereiht hängt seine große Sammlung von Zangen: In Studentenjahren hat er regelmäßig im väterlichen Betrieb gearbeitet. Alle Arbeitsabläufe sind ihm noch wohlvertraut. Alle Zangen weiß er mit dem richtigen Namen zu benennen: Da gibt es Rosenkranzzangen, Schweinezahnzangen, Kneifzangen, Rabitzzangen, Vorschneider, Seitenschneider, Konuszangen, Berliner Gasrohrzangen, Telefonzangen und so weiter. Er erklärt uns die Funktion von ganz besonderen Zangen. Und rechts neben der großen Sammlung erblicken wir seine kleinen, roten Holzschuhe, die er als Kind beim „Helfen“ in der Schmette getragen hat. Die Sohlen zeigen deutlich die Spuren der scharfen Metallspäne vom Boden der alten Schmette.

Lieselotte und Hartmut Kirberg

Wie lange mag es dauern, welche Hürden muss man heutzutage überwinden, um ein eigenes kleines Unternehmen zu gründen, vielleicht einen Imbiss? Zunächst einmal ein Gewerbe anmelden, dann Kreditgeber finden, passende Räumlichkeiten suchen, Inventar anschaffen...

Und vor etwa 50 Jahren, als Hanni in fortgeschrittenem Alter mehr oder weniger ungeplant ein eigenes kleines Geschäft gründete? Da hieß es einfach: „Fang an!"

Gut, wenn man als Ehepaar gemeinsam in einem Betrieb arbeiten kann, so wie Wilhelm und Hanni Kirberg, die 1936 geheiratet haben. Schon im Elternhaus haben sie früh das Arbeiten und Wirtschaften auf einem Bauernhof gelernt. Die Kirbergs haben dreimal wieder von vorne angefangen, dreimal einen landwirtschaftlichen Betrieb neu gestartet – nicht freiwillig; das Los eines Pächters!

Dieses Durchhaltevermögen, diese Kraft, etwas Neues anzufangen, dieses Geschick, aus „Nichts" etwas zu machen, scheinen sie auf die Nachkommenschaft übertragen zu haben.

Wie konnten sie sich nur in das Spielcasino Hohensyburg verirren, diese Bauernkinder? Dort haben sie das erste Mal miteinander gesprochen, Hartmut vom Bauernhof in Ratingen und Lieselotte vom Bauernhof Berg auf Marscheid, Wuppertal-Barmen. Jetzt sind sie 80 und 73 Jahre alt und immer noch nicht im Ruhestand angekommen. Es hat mehr als ein halbes Jahr gedauert, bis die Beiden, unsere Verwandten, einen Termin für das Interview freimachen konnten.

Renovierungsarbeiten und Erweiterungen ihres Besitzes, Gut Steinhaus, sind seit ihrer Heirat im Jahr 1971 ihre Lebensaufgabe. „Wir haben ständig Handwerker hier, ständig kümmern wir uns um Mietangelegenheiten", erklärte uns Helmut. Die permanente Sorge um das Wohl der Mieter, um den Fortschritt von Umbauten hält sie am Leben, so scheint es.

Gut, dass sie nach Erlernen der Landwirtschaft im zweiten Beruf die notwendigen Kenntnisse im kaufmännischen Bereich und im Steuerwesen erworben haben, dass Rechnen ihre Leidenschaft ist. Zusätzliche gute Kontakte zu Handwerkern lassen sie als „Vermietungsmanager" auch im Alter noch erfolgreich sein.

Gut Steinhaus, 1957 vor der Renovierung

Wie hat es angefangen mit „Gut Steinhaus"? Wer heute das überaus große Anwesen mit mehrgeschossigem Haus und vielen Anbauten und der 36 Meter langen Halle sieht, denkt kaum daran, wieviel Geld und Arbeitskraft durchgehend in Renovierungsarbeiten und Instandsetzungen gesteckt wurde. Gerade wurde das Dach der Halle, der ehemaligen Scheune, neu eingedeckt. Die beiden großen Tore tragen das Erbauungsjahr 1888, Erbauer war der in der Gegend bekannte Albert Römer. Im Jahr 1957 fing Hartmuts Vater als Pächter auf „Gut Steinhaus" an. Seine Ehefrau war geschockt, als sie Haus- und Wirtschaftsgebäude in Augenschein nahm. Ohne Strom, ohne Wasser, ohne Zentralheizung! In der oberen Etage gab es noch nicht einmal Dielenbretter! Auch für den 17-jährigen Hartmut und seinen älteren Bruder Heinrich war dieser Umzug kein Spaß. Nur der Name „Gut Steinhaus" war attraktiv. Und das gute Bauernland, Lösslehmboden.

Was hatte die Eltern hierhergeführt? Hartmuts Großeltern väterlicherseits zogen nach Wülfrath und arbeiteten auf einem Pachthof in der Nähe des Kalksteinbruchs. 1901 wurde Hartmuts Vater Wilhelm dort geboren. 1930 wurde die Familie wegen der Erweiterung des Kalksteinbruchs ausgewiesen und fand in Rützkausen einen anderen Bauernhof zur Pacht. Moderne Maschinen und auch ein Traktor wurden angeschafft. Die Milch lieferten sie in Flaschen nach Velbert in die Gießerei und in die Schloss-Fabriken. Schon immer zeichnete sie eine gewisse Geschäftstüchtigkeit aus. Dann, 1957, Hartmuts Vater war bereits seit 27 Jahren der Betriebsführer, ereilte sie dasselbe Schicksal noch einmal. Die Kirbergs wurden von den Kalksteinwerken verdrängt und mussten erneut einen Hof verlassen.

Mit einer einzigen Kuh fingen sie auf „Gut Steinhaus" an. Hartmuts Mutter war zu Recht sehr enttäuscht von dem Pachthof. Sie selbst stammte von einem Hof mit 30 Kühen, für damalige Verhältnisse eine gigantische Größe. 250 Morgen Land gehörten dazu. Täglich hatten sie Milch in die feinen Gegenden Düsseldorfs geliefert. Ihr Vater war vermögend gewesen. 90.000 Goldmark hatte er im Ersten Weltkrieg dem Kaiser gegeben und nach dem Krieg nur 6.000 Reichsmark zurückbekommen. Aber so schnell gab man nicht auf, auch in der Familie der Mutter nicht.

Jetzt, 1957, fingen sie in dieser einsamen Gegend in Meiersberg mit einer Kuh neu an; mit Sophie, die nicht schlug und nicht trat. Hanni Kirberg war 51 Jahre alt, ihr Mann 56. Da denken heute schon manche an den Vorruhestand. Die Beiden hingegen mussten wieder von vorne anfangen.

Zum Betrieb gehörten 100 Morgen Ackerland, 25 Morgen Weide, Wald und weitere Flächen. Der Pachtvertrag wurde auf zwölf Jahre abgeschlossen. Sie sahen den Tatsachen ins Auge. Zunächst mussten die Gebäude in einen bewohnbaren Zustand gebracht werden: Elektro- und Wasserleitungen mussten verlegt, Heizkörper angebracht und Mauerwerk ausgebessert werden. Wie gut, dass Hartmuts Vater schon immer gute Verbindungen zu den Arbeitern der Kalksteinwerke unterhalten hatte! Jetzt kam es ihm zugute. Morgens früh um 7:00 Uhr fuhr er mit seinem Auto zu den Kalkwerken und holte drei oder vier Arbeiter von der Nachtschicht ab, jetzt gab es zunächst für alle ein gutes Frühstück, das seine Frau zubereitet hatte. Anschließend für alle acht Stunden Arbeit am Bau. So entstanden, auch in den oberen Etagen, bewohnbare Räume und auch schon früh ein Badezimmer.

Als Hartmut 1959/60 als landwirtschaftlicher Lehrling nach Xanten ging, holten die Eltern einen „Eleven“, einen Gesellen ins Haus. Hartmut selbst besuchte sofort nach bestandener Gesellenprüfung die Lehranstalt für Landwirtschaftliches Rechnungswesen in Rolandseck am Rhein und schloss sie als „Gutssekretär“ ab.

Als sie zu Hause wieder mit der Milchwirtschaft anfingen, konnten sie auch wieder ihren altbewährten Melker einstellen, einen kleinwüchsigen Ostpreußen. „Der war aber stark und hatte immer einen besonderen Blick für Kühe und Rinder“, erinnert sich Hartmut anerkennend. Außerdem bildete die Mutter als „Land- und Lehrfrau“ junge weibliche Lehrlinge in der ländlichen Hauswirtschaft aus.

Eier gab es mehr als genug auf dem Hof. Die Hühnerhaltung wurde intensiviert. In den besten Zeiten hielten sie 1000 Hühner, so hatte Hanni Kirberg durch den Verkauf von Eiern und Hühnern eine beständige Einnahmequelle. Vater und Sohn hatten in Eigenarbeit einen großen Hühnerstall errichtet. Der Vater war pfiffig und konnte entsprechendes Material günstig besorgen: Der 22-jährige Hartmut fuhr den Traktor mit zwei Anhängern nach Essen Bottrop, um Eisenbahnschwellen zu besorgen. Kirberg senior hatte in Düsseldorf eine entkernte Reichsarbeitsdienst-Baracke aufgekauft, die wurde jetzt als Stall für das Federvieh auf die Eisenbahnschwellen gesetzt.

Dann beendete eine erneute Nachricht die erfolgreiche Alltagsarbeit auf dem Bauernhof. Seit 1966 war die „Deutsche Bauernsiedlung GmbH“ Besitzer der umliegenden Ländereien und darauf stehenden

Gebäude. Auch Kirbergs hatten die Pacht an diesen Verein zu zahlen. In Homberg sollten für Heimatvertriebene aus dem Osten, die in ihrer Heimat auch Land besessen hatten, Häuser gebaut werden. 1968, ein Jahr vor dem Ende des Pachtvertrags, erschienen die Geschäftsführer der „Deutschen Bauernsiedlung" bei der Familie Kirberg und stellten ihr Projekt vor. Sie boten den Kirbergs, die ja nicht Besitzer von „Gut Steinhaus" waren, die Gebäude mit Öd- und Umland zum Kauf an. Also ohne Acker- und Weideflächen. Das Angebot erschien den Kirbergs passend, sie wollten endlich etwas Eigenes haben. Im Sommer 1968 wurde die letzte Ernte eingefahren: Getreide, Zuckerrüben und Gemüse. Das brachte einen guten Erlös. Durch den zusätzlichen Verkauf von ca. 45 Kopf Rindvieh (Kühe mit Jungvieh und Kälbern) sowie mehreren landwirtschaftlichen Maschinen konnten die Kirbergs die Kaufsumme aufbringen. Aber an Ruhestand dachten sie dabei nicht. Der Vater war 67 Jahre, die Mutter 62 Jahre alt; Hartmut war 28.

Im Winter 1968/69 sah man dann die Männer vom Vermessungstrupp mit ihren Stangen, Fähnchen und optischen Geräten auf den Feldern stehen. Fast 300 Morgen Land waren neu einzumessen und als Baugrundstücke zu parzellieren. Jeden Tag, bei Wind und Wetter, arbeiteten die Männer draußen. Die Nasen waren rot gefroren, die Hände klamm vor Kälte. Weit und breit gab es in der Vorweihnachtszeit kein Wirtshaus, kein Restaurant, keinen Wirt, der ihnen Herberge bot. „Die sollen zu uns reinkommen, dass sie sich mal aufwärmen können", entschied Mutter Kirberg. So kam es, dass sich die Männer mittags regelmäßig in der warmen Stube aufhalten konnten, um ihre Butterbrote zu essen. „Die brauchen aber auch mal etwas Warmes“, sagte ihr mitleidiges Herz. Da gab es für jeden schon mal einen Teller heiße Suppe, zuerst kostenlos, dann gegen ein kleines Entgelt. Das hatten auch die Männer so gewollt. Die Vermessungsleute gingen, es kamen die Bauarbeiter von Tiefbau-Unternehmen. Die wussten schon: „Es gibt keine Bude, wo wir etwas kaufen können. Aber Frau Kirberg, die kann gut kochen!“ Natürlich wollten die Männer auch bezahlen, wenn sie einen „Strammen Max“ bestellen konnten. Und von weitem riefen sie schon: „Omma, zwei Eier!“ oder: „drei Eier“, wenn der Hunger groß war. Die Männer hatten kräftig zu arbeiten und so waren bald auch Frikadellen im Angebot. Bier kam hinzu, auch ein „Flachmann“, sogar Coca Cola. Hartmuts Vater fuhr mit dem Auto nach Düsseldorf und kaufte das Fleisch dort im Großmarkt, den Metzgern hatte er seinerzeit seine eigenen Tiere zur Schlachtung geliefert. Auf dem gleichen Weg holte er auch die Getränke zum Verkauf an die Arbeiter.

Hartmut arbeitete schon längst nicht mehr zu Hause. Pächter hätte er nicht sein wollen. „Damals dachte ich daran, Fahrlehrer zu werden. Aber ich habe schon immer die Buchführung und die Aufzeichnungen für die Steuererklärung des elterlichen Hofs erledigt. Darauf wurde der Leiter der Landwirtschaftlichen Buchstelle aufmerksam. So bekam ich das Angebot, dort die Feinheiten der Buchhaltung und des Steuerwesens zu lernen. Mathematik ist bei uns allen in der Familie die große Leidenschaft.“

Dort, in der Landwirtschaftlichen Buchstelle Mettmann, arbeitete auch Lieselotte. Und bei einem Betriebsausflug zum Spielcasino Hohensyburg lernten sie sich kennen. Lieselotte erzählt: „1971, als wir heirateten, Hartmut und ich, kam ich zur Diele rein und dachte: Das ist ja hier wie ein Getränkeladen!“ Bald merkte sie, dass die Schwiegermutter einen kleinen Handel aufgemacht hatte. Im Akkord schlug sie Eier in die Pfanne, schnitt Zwiebeln, briet Frikadellen und hatte Freude, wenn es den Bauarbeitern schmeckte. Natürlich konnte sie auch rechnen und passte auf, dass sie dabei genügend Geld verdiente. Kein Lebensmittel-Chemiker kritisierte, kein Gewerbeaufsichtsamt kam mit einem großen Katalog von Bestimmungen, keine Nachbarn moserten... Lieselotte erklärt: „Die hatten doch alle mit sich selbst zu tun. Die neuen Hauseigentümer in der Siedlung mussten tapezieren, den Boden verlegen, den Garten anlegen...“ Bis zum Winter 1972 ging es mit diesem kleinen Verkaufsgeschäft auf „Gut Steinhaus“ weiter.

Heutzutage ist „Gut Steinhaus“, direkt am Schwarzbach gelegen, ein ansehnliches und modernes Anwesen mit vielen Mietparteien. Die Mieter freuen sich über schnelles Internet, denn seit 2015 ist sogar ein Glasfaserkabel vorhanden. Und sie sind froh, solche Vermieter zu haben, denen das Wohl der Bewohner so sehr am Herzen liegt.

„Für mich ist es am wichtigsten, wenn alle zufrieden sind“, betont Lieselotte. Dieser Ausspruch hätte auch von ihrer Schwiegermutter stammen können.

Josua Halbach

Die Hausbandwirkerei war in vielen Familien im Bergischen Land Nebenerwerb, diente aber auch hin und wieder als Haupterwerbsquelle. Die meisten Bandwirker besaßen nur einen einzigen Webstuhl, der von einer Person bedient wurde. Diese bis zu vier Meter breiten Bandstühle fanden ihren Platz in Nebengebäuden, so genannten Sheds, in frei geräumten Zimmern oder auf dem Dachboden. Wohnen und Arbeiten waren eine Einheit, die Familienangehörigen beteiligten sich je nach Alter, Zeit und Neigung an der Fertigstellung verschiedenster Bänder, die sie im Auftrag größerer Firmen in Lohnarbeit anfertigten. Das alles geschah in großer Abhängigkeit von der Auftragslage der Textilindustrie und bestimmter Modeerscheinungen. Nicht selten mussten sich die Bandwirker ihre Aufträge regelrecht erbetteln. Dass dabei die Entlohnung oft so gering war, dass die Bandwirkerfamilien in wirtschaftliche Not gerieten, versteht sich von selbst. Außerdem konnten viele kleine Betriebe nicht mit den technischen Neuerungen Schritt halten und mussten aufgeben. So wurde, wenn einmal ein lukrativer Auftrag eingegangen war, nicht auf die Uhr geschaut, sondern bis in die Nacht hinein gearbeitet; und zwar mit allen Kräften, die eine Familie zur Verfügung hatte.

Josua Halbach senior, geboren 1912, hat dieses Auf und Ab seiner Familie eindrücklich in seinem Büchlein „Mein Berufsweg" für seine Nachkommen festgehalten. Kriegs- und Krisenzeiten, persönliche Schicksale und Konjunkturschwankungen haben die traditionsreiche Bandwirkerfamilie bis heute geprägt.

Er erinnert sich daran, wie er als Kind im Halbachschen Shed an der Remscheider Straße vor sieben stillstehenden Bandstühlen stand, weil sein Vater, dessen sechs Brüder und seine Onkel alle zum Militärdienst eingezogen worden waren und dass alle ledernen Treibriemen verschwunden waren – wahrscheinlich hatte man daraus Schuhsohlen gemacht. Er weiß auch noch, dass das erste, was die Brüder nach Kriegende auf einem nun mit Hand angetriebenen Stuhl gewirkt haben, neue Treibriemen für die anderen Stühle waren.

„Halbachs waren immer Bandwirker" erklärt uns heute der Sohn, Josua junior. Und beim Nachlesen der Memoiren seines Vaters fällt auf, wie leidenschaftlich die Familie das Ethos der Bandwirkerei hochgehalten hat und wie viele Mitglieder der weit verzweigten Familie Halbach mit dieser Arbeit ihr Brot verdient haben.

Josuas Großvater an seinen Bandstühlen

Am 1. September 1929 gelang der Start des eigenen Betriebes an der „Hütte“

Josua senior ging bei seinem Onkel in die Lehre, der natürlich auch Bandwirker war. Schon mit 17 Jahren konnte er seine Meisterprüfung ablegen. Vorher hatte er sich auf der Bandwirker-Fachschule in Ronsdorf darauf vorbereitet und in jungen Jahren den Betrieb seines Vaters übernommen.

Zu Beginn der 30er Jahre musste immer wieder Geld aufgenommen und investiert werden. Maschinenteile wurden ergänzt und gut erhaltene, gebrauchte Stühle erworben. Kleine, einfache Aufträge hielten die Firma „über Wasser“. Nicht immer gab es das klassische, in Ronsdorf beliebte Hutband zu weben. „So zeigte denn unser Musterbuch zuerst die damals gängigen ‚Pannasch‘-Artikel. Es waren einfache, kunstseidene Bänder mit einer Rieteinstellung von höchstens 4:2, also 35 Fäden pro Zentimeter in der Kette. Ein feineres Riet als 4stich kam kaum in Frage. Die Kunstseide (heute Rayon) hatte noch nicht die Qualität und Festigkeit von heute. Wir haben diese Schwierigkeiten mehr oder weniger gut gemeistert. Aber nicht jeder wurde damit fertig, besonders die älteren Bandwirker nicht. Einmal wurde uns Arbeit angeboten, ein Band mit relativ vielen Metallfäden. Aber die Ketten mussten wir bei dem alten Bandwirker abschneiden, der den Artikel nicht schaffte. Wir haben es geschafft und bekamen dadurch eine neue Firmenverbindung, die aber leider nicht lange anhielt.“

Erst Mitte der 30er Jahre ging es langsam aufwärts. „Es war ein schmales Isolierband, für das wir nur einen minimalen Lohn bekamen. Von der Regierung wurde dafür noch eine Subvention gegeben, um gegen die japanische Konkurrenz anzukommen. Der gesetzliche Tarif wurde hier außer Kraft gesetzt. Wir haben diese Arbeit gemacht, getreu dem Sprichwort: ‚Besser ein Spatz in der Hand, als zehn Tauben auf dem Dach'".

In der Kriegszeit musste sich der Familienbetrieb wieder umstellen. Die Söhne wurden als Soldaten eingezogen, ein Teil der Bandstühle musste aufgegeben werden, auf dem Rest liefen jetzt keine modischen Bänder mehr, sondern Trassierbänder zum Markieren von Gefahrenstellen und vor allem Fallschirmbänder. Jetzt war es an den Töchtern, den Betrieb am Laufen zu halten. Erst Ende 1941 gelang es der Familie, einen der Söhne für den Betrieb zu reklamieren, da sie bereits fünf Söhne „im Feld" hatte. Josua war der Glückliche. „Am 24. Dezember verließ ich in Russland meine Kameraden mit Marschbefehl zur Ersatzeinheit nach München und traf am 3. Januar 1942 zu Hause ein." Ab jetzt zeichnete er allein für den Halbachschen Familienbetrieb verantwortlich.

Dann aber, in der Nacht zum 30. Mai 1943, zerstörten anglo-amerikanische Bomberverbände einen Großteil von Barmen und Ronsdorf. Doch bis auf ein paar zerstörte Fenster blieb im Shed der Familie alles heil – die Produktion konnte nach einigen Tagen weitergehen.

Josua Halbach junior, der Zweitgeborene von zwölf Kindern, erinnert sich heute gerne an die Zeit nach dem Krieg, in der drei Generationen gemeinsam in dem großen Haus wohnten und arbeiteten. Da waren die Aufgaben klar verteilt, und jeder aus der Familie hatte eine Rolle zu übernehmen.

Die Großeltern hatten sich bereits aus dem Betrieb zurückgezogen, als ich klein war, erinnert sich Josua jun. Mein Vater war der Chef im Shed, und unsere Mutter führte das Regiment im Haushalt. Opa und Oma arbeiteten ergänzend, mal in der Küche, mal an den Bandstühlen, mal im Garten oder fütterten die Hühner hinter dem Haus.

„Es herrschte immer Disziplin, und keiner hat je darüber geklagt." Wir Kinder schliefen jahrelang zu zweit in einem Bett, und natürlich hatte auch später nicht jedes Kind ein eigenes Zimmer. Das Leben spielte sich tagsüber hauptsachlich in der großen Wohnküche mit dem riesigen Tisch in der Mitte ab. Hier wurde gekocht und gegessen, gespielt und gebügelt, Schulaufgaben gemacht und gefeiert".

Hier kamen mittags auch die Lehrlinge des Betriebs hinzu, eine Haushaltsgehilfin und Tante Mariechen, die Schwester des Vaters, die schon immer zur Familie gehörte und auch an den Bandstühlen arbeitete. Alle versammelten sich zur bestimmten Zeit, die Kinder von der Schule kommend oder vom Spiel. Nach dem Tischgebet wurde ausgiebig gegessen, um neue Energie zu bekommen und um satt zu werden. Da wurde nicht über das Essen gemäkelt und wenig gesprochen. Meistens gab es Kartoffeln mit Gemüse aus dem Garten, dazu ein kleines Stückchen Fleisch, das vom Sonntagsbraten übrig geblieben war, Fisch gab es nur ganz selten. Da wurde geteilt und verlängert, da wurde nicht selten Wasser in den Eintopf gegeben gemäß dem Spruch:" Fünf sind geladen, zehn sind gekommen, gib Wasser zur Suppe, heiß alle willkommen." Nur, dass es bei den Halbachs stets mehr als zehn waren.

Jeder fand einen Platz, und auch Gäste waren willkommen. Man rückte einfach auf der langen Bank zusammen. Wie hätte das ohne eingespielte Ordnung funktionieren können?

„Mein älterer Bruder Elias und ich mussten sämtliche Schuhe der Familie putzen und den Hof kehren, während die Schwestern in der Küche halfen. Gespielt wurde um das Haus herum und im Hof – es waren ja immer genügend Spielkameraden zum Spielen da. Auf der Straße haben wir eigentlich nie gespielt, außer im Winter, wenn wir an Luegs Berg Schlitten gefahren sind."

Der Arbeitstag des Vaters im Shed begann um 7:00 Uhr. Der Rhythmus der Bandstühle gab den Takt der Woche vor: Von Montag bis Freitag von 7:00 Uhr bis 19:00 Uhr und am Samstag bis 12:00 Uhr. „Allerdings hat sich Vater mittags immer ein kurzes Mittagsschläfchen gegönnt."

Und wenn Sohn Josua von seinen Schulaufgaben erzählt, dann kommt ihm das heute so selbstverständlich vor, dass er die im Shed neben den im Takt ratternden Bandstühlen gemacht hat. „Da war ein kleines Tischchen, an dem ich schreiben konnte. Auswendig lernen ging besonders gut, da habe ich laut lernen können und es hat niemanden gestört. Im Gegenteil, das gleichmäßige Arbeiten der Stühle hat mir geholfen, mich zu konzentrieren. Und wenn ich Fragen hatte, war Vater ja da. Er war eigentlich immer da für uns. Wir wussten ja, wo er war."

Und doch gab es Höhepunkte im Leben der Familie, Unterbrechungen der scheinbar ewig hin- und her schwingenden Schiffchen der Bandstühle: sonntags oder wenn dem Alltag ein kleiner Urlaub abgetrotzt werden konnte.

„Sonntags ging Vater mit uns älteren Kindern zum Gottesdienst in die Kirche – er war ja auch Presbyter in der Reformierten Gemeinde – während Mutter sich um die jüngeren Kinder kümmerte und meistens zu Hause blieb".

Auch der Kinderfunk um 14:00 Uhr war so ein Höhepunkt. Die Großeltern hatten ein Radio, und so trafen sich in der Woche oder eben am Sonntagnachmittag immer etliche von den zwölf Kindern zum Hören der Schulfunksendungen vom NWDR.

Gerne erinnert sich Josua an die Ausflüge mit den Großeltern. „Oft sind wir sonntags gewandert, um die Ronsdorfer Talsperre oder zum Gartenlokal „Zur Grüne". Großvater hat uns manchmal eine Brause spendiert, oder eine Kahnfahrt im Zillertal. Später haben die Großeltern einmal im Jahr einen Bus für uns alle gemietet, und alle Halbachs mit einigen Verwandten sind mit dem Busunternehmen Bender an den Rhein gefahren. Das war aber schon etwas Besonderes. Normalerweise besuchten uns am Sonntagnachmittag Teile unserer Verwandtschaft. Nach dem Kaffeetrinken spielten die Männer Skat oder fachsimpelten über notwendige Veränderungen in der Textilindustrie. Die Frauen spülten unterdessen das Geschirr oder begutachteten den Garten."

Urlaub war in den 50er Jahren schon etwas ganz Besonderes, was sich nur sehr wenige leisten konnten. Vater Josua aber hat sich den mit einigen seiner Kinder gegönnt. Ziele waren in der Regel die Jugendherbergen im Sauerland. Mit dem Zug ging es von

Ronsdorf los – Vater hatte nie ein eigenes Auto – der Rest der Strecke wurde gewandert zum Beispiel nach Bilstein, Altena oder Plettenberg.

„1953 haben wir, Vater, Elias und ich, sogar eine Reise nach Bayern an den Ammersee gemacht. Vater hatte dort einen Kriegskameraden, der eine kleine Landwirtschaft hatte. Zusammen mit dem Sohn des Bauern durften Elias und ich beim Pflügen mit der Kuh helfen. Einen Traktor konnten sich damals die wenigsten Bauern leisten. Noch nicht einmal ein Pferd hatte der Bauer dort."

Beim Pflügen mit einer Kuh

Aber diese kurzen Unterbrechungen des Arbeitsalltags waren die große Ausnahme im Leben der Bandwirkerfamilie. „Und wenn wir allzu lange von zu Hause fort waren, dann hat uns allen das monotone Ritsch-Ratsch unserer Bandstühle gefehlt." Schlimm, wenn dieser Rhythmus aussetzte, wenn etwas kaputt ging oder wenn die Aufträge ausblieben. Schön, wenn die Stühle nach einem langen Arbeitstag ausgeschaltet wurden oder wenn endlich Samstagmittag war.

Einen Fernsehapparat gab es bei den Halbachs lange nicht, aber ein Harmonium und ein Klavier. Es wurde viel miteinander gesungen: Volkslieder und geistliche Lieder, vertraute Texte, bekannte Melodien. Und man ging früh ins Bett, am nächsten Tag galt es, ausgeschlafen zu sein.

Die Besuche der Verwandten bei den Halbachs waren stets Höhepunkte im Ablauf einer Woche. Man traf sich unangemeldet, man kam einfach ins Haus und blieb, so lange es eben passte. Und manchmal gab es in der Woche irgendeinen Geburtstag zu feiern, oder er wurde am Sonntag nachgefeiert, was die Regel war. Keiner wurde vergessen oder übergangen; jeder und jede war ein wichtiges Rädchen im großen Familiengeschehen.

„Die ersten Schritte habe ich am Bandstuhl gemacht. Da waren immer welche da, die auf mich aufgepasst haben. Schon als Kleinkind war klar, dass man in die laufenden Teile nicht reinpacken durfte", erinnert sich Josua junior. Und auch die anderen Kinder sind vor schlimmen Unfällen bewahrt worden. Ein Familienbetrieb eben, wo einer für den anderen verantwortlich war, wo jeder seine Rolle zu lernen hatte und wo einer für den anderen Helfer und Ratgeber war.

In der Regel arbeiteten im Shed nur die Erwachsenen und die Lehrlinge. Josuas Vater achtete darauf, dass seine Kinder in der Schule Erfolge haben sollten und nicht an den Nachmittagen am Bandstuhl stehen mussten. Kinderarbeit kam nicht infrage, das war klar.

Josua junior kann sich jedoch noch gut an den Tag erinnern, als ihn der Vater bat, einen Liefersack voller Etiketten nach Barmen zu einer Auftragsfirma zu bringen. Mit dem Oberleitungsbus keine große Anstrengung für den Dreizehnjährigen. Zurück sollte er dann „Einschlag" mit nach Ronsdorf nehmen. Einschlag, das sind kleine Spulen mit nur einem Faden darauf für die Schiffchen – eigentlich kein sonderlich großes Gewicht auf dem Rücken eines Heranwachsenden. Trotzdem machte sich der Sack auf dem Rücken bemerkbar, wenn es einen Berg hochging. Und die Brändströmstraße in Barmen ist steil und es war ein heißer Tag. Josua keuchte und mühte sich zur nächsten Haltestelle. Er hatte keine Uhr und keine Ahnung, ob er noch einen Bus erwischen würde. Da kam der Oberleitungsbus und hielt an der Haltestelle weit oben am Berg. Ob er den noch bekäme? Der Junge rannte, so schnell er konnte. Schließlich erreichte er ihn doch noch. Der Schaffner öffnete die Tür, und mit einem Grinsen sagte er: „Jung, du bruokst nit to luopen, ik wet doch, dat du us Rongsdrop kömmst, mit so enem Sack om Puckel, dat kann nur en Bandwirker von Rongsdrop sin." (Junge, du brauchst doch nicht zu rennen, ich weiß doch, dass du aus Ronsdorf kommt, mit so einem Sack auf dem Buckel, das kann doch nur ein Bandwirker aus Ronsdorf sein.)

Im eigenen Haus oder im Anbau Bänder zu wirken war über viele Jahre in Ronsdorf, Lüttringhausen und in der näheren Umgebung das Natürlichste auf der Welt. Bänder brauchte man zum Schmücken von Herrenhüten, zum Binden von Geschenken oder als Schreibmaschinenbänder. Bänder so schien es, hielten die Welt zusammen. Bänder schmückten, verstärkten, betonten die Konturen, erledigten ihre Aufgabe als Wurstpelle und als Bänder an Fallschirmen landender Jets der Bundeswehr.

Sogar als Hochzeitskleid mussten sie einmal herhalten, so erzählt Brigitte Halbach, die Frau von Josua, als es in der Nachkriegszeit keinen ordentlichen Stoff für ein Brautkleid gab. „Da hat meine Mutter einfach ganz viele naturweiße Bänder zusammengenäht und daraus ein Kleid gemacht. Es sah aus wie Seide und war richtig chic." Ein Hochzeitskleid aus Kriegsmaterial, aus Bändern, mit denen Soldaten zum Einsatz geschickt wurden, aus Flugzeugen herabschwebten, um so genannte Feinde zu bekämpfen – eine verrückte Vorstellung für eine hoffnungsvolle, glückliche Braut, die sich anschickt, den schönsten Tag ihres Lebens zu begehen.

Aber so war das damals nach dem Krieg. Da wurde improvisiert und umfunktioniert; da mussten oft Ersatzstoffe herhalten, um die Knappheit und den Mangel auszugleichen.

Aus den abgelegten Uniformen von Wehrmachtsangehörigen wurden die verschiedensten Kleidungsstücke geschneidert. Die zumeist abgetragenen, aber dennoch brauchbaren Wollstoffe wurden zu Kleidern, Hosen und Mänteln in allen möglichen Größen verarbeitet. Bis weit in die Mitte der 50er Jahre wurden diese Stoffe verarbeitet, der Krieg hinterließ noch lange seine Spuren bis in die ganz normale Straßenkleidung hinein.

In den 60er Jahren expandierte der Familienbetrieb der Halbachs. Es wurde angebaut und neue Fabrikationsräume angemietet. Drei der eigenen Kinder machten zu Hause eine Ausbildung zum Bandwirker, insgesamt 13 Lehrlinge wurden in diesen Jahren ausgebildet. Josua junior erlernte in Ronsdorf den Beruf eines Bandstuhlschreiners und war so unverzichtbar, wenn es im elterlichen Betrieb einmal „klemmte."

Aber nach und nach gingen die Kinder eigene Wege und verabschiedeten sich vom Shed, verließen den traditionsreichen Ort mit dem immerwährenden Ritsch-Ratsch der geschäftigen Stühle. 1975 war Josua senior sogar für einige Zeit allein, bis plötzlich einer der Söhne wieder einstieg und das väterliche Erbe fortführte. Kaum vorzustellen, dass die Bandstühle des Halbachschen Betriebes in Ronsdorf einmal für immer stillstehen könnten.

4/ Wie es für Kinder beim Spielen und Arbeiten und in der Schule zuging

Natürlich mussten wir alle in der Familie mithelfen. Ich kenne jedenfalls keinen meiner Generation, der nicht mitgearbeitet hat. Da hatte jedes Kind die Arbeit zu tun, die ihm von seinem Alter und seiner Fähigkeit her möglich war. Und das fing schon im frühen Kindesalter an. Ob das Geschirrspülen oder Holzhacken, „Bohnendöppen“ oder Kühehüten, Schuheputzen oder Einkaufen war, hing von der Organisation der jeweiligen Familie ab. Ob wir als Kinder diese Pflichten als unangenehm und lästig empfunden haben, interessierte kaum jemand. Von Kinderarbeit wurde dabei überhaupt nicht gesprochen, denn die war ja eigentlich verboten. Kinderarbeit als Erwerbsarbeit, um die Familie finanziell zu entlasten, war nach dem Jugendarbeitsschutzgesetz offiziell nicht erlaubt. Aber da gab es eine Menge Ausnahmen und die Jugendämter hatten damals kaum Mitarbeiter, um Verstößen nachzugehen. Wir mussten helfen und damit basta. Das war überall und schon immer so und wurde nicht groß thematisiert. Natürlich durfte die Schulpflicht nicht verletzt werden und Zeit für Hausaufgaben gab es auch, aber es gab eben auch genug Situationen, wo Schule nicht ganz so wichtig war. Beim Ernteeinsatz auf dem Bauernhof zum Beispiel oder wenn in der Familie ein Kranker zu pflegen war, dann wurde schnell mal eine kleine „Entschuldigung“ geschrieben und damit waren alle zufrieden.

Natürlich haben wir oft genug unter den Anforderungen der Mithilfe gestöhnt und uns verdrückt, wenn wir konnten. Und wir hatten immer das Gefühl, zu wenig Zeit zum Spielen zu haben. Auf der anderen Seite wurde es uns nie langweilig, und wenn uns die Eltern einmal erwischten, dass wir einfach so „herumhingen", dann kam es uns laut entgegen: „Hast du nichts mehr zu tun?" Also hatten wir immer etwas zu tun oder genug Fantasie, für irgendein Spiel. Sehr geschickt waren die Eltern darin, die Grenzen zwischen Arbeit und Spiel für uns zu verwischen und uns so spielerisch an die Arbeit heranzuführen. Das Heu auf den großen Erntewagen zu laden wurde zu einem kleinen Abenteuer, denn die Arbeit wurde oft mit der Heimfahrt auf dem Traktor belohnt. Oder wenn man als Kind im Laden der Eltern stand und Kaufgespräche mitbekam und viele andere private und intime Dinge der Erwachsenen erfuhr, war das so etwas wie Bildung von Sozialkompetenz, ohne dass man den Begriff überhaupt kannte. Man war als Kind ja nicht nur mit seinesgleichen zusammen und lernte durch das Alltägliche, durch das Zusammensein und gemeinsame Arbeiten mit den Erwachsenen etwas davon, wie das spätere Leben einmal sein würde. Erwachsene, Eltern und Großeltern waren keine Exoten, wie unsere Kinder und Enkel das heute oft wahrnehmen, sondern wir setzten als Kinder damals alles daran, so schnell wie möglich groß zu werden, so zu werden wie sie. Und das schönste Kompliment, das Erwachsene einem Kind machen konnten war: „Du bist aber groß geworden!"

Ob uns die Mitarbeit im Haushalt, in der Schmiede oder auf dem Feld geschadet hat? Vielleicht gab es angenehmere Tätigkeiten als in der Frühe vor Schulbeginn Zeitungen oder Brötchen auszutragen oder wöchentlich den Hühnerstall von Kot zu reinigen. Jedenfalls haben wir quasi alle ein Praktikum zu Hause absolviert, bevor wir ins richtige Berufsleben eintraten oder studieren durften. Und die heutigen Soziologen, Pädagogen und andere gelehrte Humanwissenschaftler sind sich immer noch nicht einig, ob die damaligen Kinderpflichten denn nun schädlich für die Entwicklung von uns Kindern waren, oder ob sie im Gegenteil – wenn sie das richtige Maß hatten – sogar förderlich waren und zur Reife beitrugen.

Dass darüber damals zu unserer Zeit nicht groß nachgedacht wurde, mag der wirtschaftlichen und oft familiären Notlage geschuldet sein. Oder einfach nur der Tradition, die einem Familienbild folgte, das die Familie als dynamische Lebens- und Wirtschaftsgemeinschaft sah und nicht so sehr der Selbstoptimierung des Einzelnen frönte. So wurde die Berufswahl in den meisten Fällen von den Eltern getroffen und den Bedürfnissen der Familie angepasst. Wie sollte auch ein 14-jähriger Jugendlicher schon wissen, wie es „draußen“ in der Fabrik oder im Büro zuging, und wie und wo sollte er sich informieren? Also machte man beruflich das, was der Vater gemacht hatte oder blieb zumindest mit seinen Berufswünschen in der Region.

So hat mir mein Vater damals geraten: „Junge, mach was mit Strom, das hat Zukunft“ und mich beim Fernmeldeamt Wuppertal in die Lehre geschickt. Er selbst war im Krieg als Funker tätig und hatte wohl ein bisschen Ahnung von dem, was alles mit Strom möglich war. Um mich zu motivieren, hat er einen Kurbelinduktor der Deutschen Wehrmacht besorgt, und ich durfte an dem Ding drehen und kleine Lampen zum Leuchten bringen. Das war‘s denn auch für mich mit der elterlichen Berufsvorbereitung.

Vielleicht hat uns die Mithilfe zu Hause gestärkt, den späteren Herausforderungen im Berufsleben besser zu begegnen, als viele Kindern heutzutage in der Lage sind. Auf jeden Fall konnten wir eine Menge Erfahrungen sammeln, ein Stück weit Verantwortung übernehmen, vielleicht auch herausfinden, wo unsere Stärken und Schwächen lagen und bestimmt auch feststellen, was wir in Zukunft auf keinen Fall würden machen wollen. Für mich war sehr schnell klar: Ins Büro gehst du nicht, das hältst du nicht lange aus. Dass ich aber später dann doch sehr viel Zeit am Schreibtisch mit dem Computer verbringen würde, war damals nicht zu erahnen.

Klaus Frische

Vom Gangolfsberg bis Hardtplätzchen, von Kotthausen bis zur Herbringhauser Talsperre, von den Höhen Walbreckens und Spieckerns bis zum Tal der Wupper in Beyenburg, so weit reichte der „Spielplatz" für die Kinder von Spieckern. Ein Radius von etwa zehn Kilometern. Unkontrolliert von den Eltern, unbeaufsichtigt von Omas oder Kindermädchen. Kein Handy-Kontakt mit der Mutter. Aber nicht immer hatten sie frei zum Spielen. Wie oft hieß es für Klaus oder die anderen Kinder des Dorfes: „Heute müsst ihr zu Hause helfen!" Bei der Gartenarbeit, bei der Feldarbeit, beim Küheholen, beim Hoffegen konnte man auf ihre Mithilfe nicht verzichten. Ihre Arbeitskraft war gefragt, nicht ihr Spiel. „Heute werden die Kartoffeln gesetzt, komm mit", bestimmte August Frische, der Vater von Klaus. Es kam sogar vor, dass er zur nahegelegenen einzügigen Schule ging und den Lehrer wegen Freistunden fragte: „Ich brauch den Jung', kann der heute Vormittag freihaben?" Dann half Klaus auch vormittags schon mit auf dem elterlichen Bauernhof. Wie mühsam das Kartoffelsetzen auf dem Feld war! Der Acker war schon gepflügt und geeggt und die Furchen für die Pflanzkartoffeln waren gezogen. „Kartoffeln setzen – das war so anstrengend und dauerte so lang", stöhnt Klaus heute noch. Der Vater mit einer Säwanne vor dem Bauch, voll mit Pflanzkartoffeln, die Mutter und der Sohn jeweils mit einem gefüllten Korb an der Hand. Zielgenau und in regelmäßigem Abstand warfen sie die gekeimten Kartoffeln in die Furchen. Stundenlang. Dann setzte sich der Achtjährige auf den Traktor und zog die Hackmaschine, die der Vater hinter ihm bediente, um die Furchen wieder mit Erde zu verfüllen. Kein Spaß für den Jungen, denn er musste genau die Reihe einhalten, die Vorder- und Hinterräder des Traktors mussten immer auf dem spitzen Furchenberg bleiben. Nur so konnten die gesetzten Kartoffeln in einer geraden Reihe mit Erde bedeckt werden. Manche Schimpfworte bekam er zu hören, wenn ihm das nicht gelang. Er dachte an die anderen gleichaltrigen Jungen, an seine Spielkameraden. Ob die schon frei hatten? Zum Spielen würde er heute nicht mehr kommen.

Im Winter, ja im Winter hatten die Kinder in Spieckern mehr Zeit, um draußen zu spielen und Schlitten zu fahren. Sobald der erste mit den Schulaufgaben fertig war, war er schon draußen in langer Hose, Jacke, gestricktem Schal und Wollmütze. Keine Thermo-Kleidung, keine Baumwollstrumpfhose, sondern eine Trainingshose über langen Strümpfen, gehalten von Strumpfhaltern. Die anderen Kinder kamen mit ihren Schlitten schnell dazu. „Meine Schwester Irmgard und ich hatten solch einen blöden Schlitten mit nur leicht gebogenen Kufen vorne, noch aus der Kinderzeit von Vater und seinen Schwestern Emmi und Anna. Keiner wollte mit uns anschnallen, weil wir immer nach vorne kippten." Die Schlittenbahn führte die schneebedeckte Wiese herunter oder von der Schule die Dorfstraße hinunter. Es fuhren ja fast gar keine Autos in den 50er und 60er Jahren. Die Straße wurde auch anfangs nicht gestreut. „Als dann in späteren Jahren wirklich Asche gestreut wurde – das hat ein Bauer von außerhalb mit Pferd und Karre erledigt – haben wir den Besen genommen und uns die Bahn frei gemacht. Aber das Schlittenfahren ging nicht mehr so gut wie vorher", erinnert sich Klaus. Auch das Skifahren übten die Kinder auf den verschneiten Wiesen in Spieckern. Es gab einige, die bereits Skier mit einer richtigen Bindung und den dazu passenden Leder-Skischuhen besaßen. Irmgard bekam ein „Erbstück“ – das waren Holzskier mit Lederriemen und einer Schnalle zum Befestigen der Schuhe. Allerdings öffneten sich die Schnallen durch die Erschütterung während der Fahrt, sodass die Abfahrt meistens mit einem Sturz endete. „Du kannst ja wohl nicht fahren“, lachten die anderen Kinder Irmgard aus.

Der Teich am Dorfrand war immer Anziehungspunkt für die Kinderschar, gerade auch im Winter. Ob das Eis schon tragen würde? Sie wollten Schlittschuh fahren, wie jedes Jahr. Mit dem üblichen Paar Metallkufen in der Hand liefen sie zum Teich. Ein Junge hatte ein langes Brett mitgebracht. Sie setzten sich darauf, mit Vierkantschlüsseln befestigten sie sich die Eisen unter den Schuhen, jetzt hatten sie Schlittschuhe. „Sohlenabreißer!“ Die Kufen von Klaus und seiner Schwester waren alt, wahrscheinlich vom Vater und der Tante Anna, die vor 30 Jahren schon damit gefahren war. Wie dick war die Eisschicht? Die Jungen und Mädchen gingen prüfend am Teichrand hin und her. Einige Kinder hauten mit den hinteren Enden der Kufen auf das Eis, setzten dann vorsichtig beide Füße auf die glatte Spiegelbahn. Immer weiter vom Rand entfernt. Andere folgten, und dann drehten sie ihre Kreise auf dem Eis. Eine Stelle des Teichs war nicht zugefroren, hier gab es die Quelle und die meisten aus der Gruppe waren vorsichtig und hielten genügend Abstand. Aber der Wagemutigste probierte es immer wieder: Er sah die sichere Uferböschung, er sah die offene Stelle. Mit Schwung sprang er drüber oder – mit Schrecken – auch schon mal ins eiskalte Wasser. Der Hosenboden war nass, er lief nach Hause und holte sich jedes Mal Prügel bei seinem Vater ab. An dem Tag kam er nicht mehr wieder, aber am nächsten. Und er probierte immer wieder seine Mutsprünge.

In einer Familie in Spieckern gab es Anfang der 60er Jahre schon Fernsehen, ein Eishockey-Spiel gab es da zu verfolgen. So kam ein Junge mit der Idee: „Jetzt spielen wir mal Eishockey auf unserem Teich." Woher die passenden Schläger nehmen? Es gab eine große Diskussion, ob man wohl die gebogenen Krückstöcke von den Großeltern nehmen und zweckentfremden dürfe. „Wie kommen wir an einen Puck?", überlegte man. Eine Oma von Spieckern kaufte damals schon hin und wieder eine kleine Dose Kondensmilch. Bis diese leere Dose von den Schlägen mit den Stöcken ganz zerbeult war, diente sie den Kindern als Puck.

Anfangs war die Eisfläche spiegelglatt und noch nicht verschrammt vom Gleeiten mit den alten Eisen. Sie war so klar, man konnte durch das Eis hinunterschauen bis zum Boden des Teichs. Eine große viereckige Platte, wohl aus Holz, tief unten, kam ins Sichtfeld. Jeder hatte sie gesehen. „Was das wohl ist?", überlegten sie. Aber bald war die Eisfläche milchig vom abgeschrabbten Eis, und die Platte war nicht mehr sichtbar.

Es kam die Frühjahrszeit mit Küheraustreiben und Küheholen, mit Gras harken, mit Gartenhilfe und Kartoffelsetzen – auch für die Kinder. Aber die große Platte im Teich war nicht vergessen.

Und dann kam endlich ein freier Nachmittag, an dem auch die anderen Kinder Zeit hatten. Mit langen Bohnenstangen wurde versucht, die Platte, die sich als Kiste zu erkennen gab, ans Ufer zu stemmen, aber das gelang nicht, die Kiste war zu schwer. Ein

Boot gab es nicht auf dem Wasser, aber eine alte Badewanne, die natürlich auf dem Wasser fürchterlich instabil war. Aber jetzt konnte man sich der unheimlichen Kiste nähern. Die Wanne schwankte hin und her, und das Wasser schwappte hinein. Aber das machte nichts, das nahm man in Kauf, nasse Schuhe hatte man ohnehin. Endlich gelang es, die Kiste anzuheben und langsam ans Ufer zu bugsieren. Sie war aus festem Material und der Deckel klemmte. Werkzeuge mussten her. Hoffentlich sieht uns jetzt kein Erwachsener! „Diese Schatzkiste gehört uns allein und die Sachen darin werden aufgeteilt und versteckt – Ehrensache! Bestimmt hat da jemand seinen Schmuck oder sein ganzes Geld versteckt." Es war, als habe jedes der Kinder den Herzschlag der anderen hören können. Immer wieder gingen ängstliche Blicke zur Straße hin und zum Dorfrand, ob nicht doch jemand sie sehen und ihnen ihre Beute streitig machen könnte. Denn dann wäre alles vorbei und sie hätten sich vergeblich abgemüht, ihren Schatz zu bergen. Aber es kam niemand und es brauchte eine ganze Weile, bis sich der Deckel der vom Wasser triefenden Kiste verbiegen und öffnen ließ. Innen war alles mit einem Bleimantel gut eingepackt und trocken. Wieder gingen die Blicke zu den Häusern, die ja ganz in der Nähe standen. Noch waren sie und ihr Schatz unentdeckt. „be careful" stand auf einer Seite zu lesen. Was das wohl bedeuten könnte. Vielleicht war das Englisch und die Kiste noch aus dem Krieg, als die Amerikaner hier einmarschiert waren. Die Hände der Kinder griffen hinein und holten die wasserdicht verpackten kleinen Päckchen heraus. Schnell wurde ihnen klar, dass hier kein Schmuck oder Geld versteckt worden war, sondern Munition – gefährliche Munition, Gewehrmunition, immer schön im Fünferpack, viele Tausend Schuss. Jetzt war allen klar: Das musste von den Amerikanern stammen und hier heimlich im Teich versenkt worden sein. Wer das wohl gemacht hatte, und wer darüber im Dorf wohl Bescheid wusste? Einigen wurde es langsam unheimlich. „Und was machen wir jetzt damit? Müssen wir unseren Fund nicht den Eltern melden?" Die Mehrheit der Jungen entschied, dass kein Wort darüber an irgendjemanden verloren werden dürfe – und wehe, wenn jemand etwas verriete. Schnell wurde ein Teil der Munition aufgeteilt und die Kiste am Teichrand versteckt. Dann ging man auseinander, hektisch, mit roten Köpfen und mit der Beute in der Hosentasche. Jetzt schnell den Schatz verstecken, doch wo nur? Das überlegte jeder Junge selbst und vergrub seinen Schatz an einem geheimen Platz.

Einige Tage später traf man sich wieder, vergewisserte sich, dass jeder dichtgehalten hatte. Einer kam auf die Idee, mit großen leeren Papiersäcken, die ursprünglich Kuhfutter enthalten hatten, ein kleines Feuer zu machen und einen Fünferpack der Munition hinein zu werfen. Bestimmt würde das einen schönen Knall geben. Und was ist, wenn eine Kugel hinausfliegt und jemanden trifft? Die Jungen gingen hinter der nächsten Scheunenecke in Deckung und warteten. Und dann knallte es: Peng, Peng, Peng, Peng. Lautes Gejohle der Jungen. „Halt!", schrie einer „Deckung, das war nur vier Mal!" Wieder schmissen sich die Jungen auf den Boden oder versteckten sich hinter einem Baumstumpf und warteten. So musste es im Krieg gewesen sein, von dem die Väter immer erzählt haben. Einer hielt die Spannung nicht aus und flüchtete davon. Endlich, die Zeit schien still gestanden zu haben, machte es laut „Zisch." Die fünfte Patrone war explodiert, die Gefahr war vorüber.

Natürlich blieb das Knallen nicht unentdeckt. Ein Vater war aufmerksam geworden und hatte seinen Sohn zur Rechenschaft gezogen. Der Arme bezog dann eine fürchterliche Tracht Prügel. Er gehörte zu den Ältesten und sollte für alles büßen. Die anderen kamen mit einem Donnerwetter davon. Das Geheimnis über die versteckte restliche Munition aber wurde von ihnen gewahrt – lange, sehr lange.

Frühjahr, Sommer und Herbst – eine arbeitsreiche Zeit für die Leute auf den Bauernhöfen, auch für die Kinder. „Hof fegen, Gartenwege harken, Schuhe putzen, Hühner füttern, Eier holen, das konnten wir schon leicht übernehmen. Und natürlich Kühe holen“, erzählt Klaus. „Wie anstrengend das war, auf dem Feld Rüben zu vereinzeln. Man rutschte auf Knien weiter, zog immer einige schwache Pflänzchen aus, ließ ein Pflänzchen stehen, das stark werden sollte. Mir fiel das so schwer! Aber manche Frauen konnten das zweireihig. Rechts und links zogen sie in Windeseile die überflüssigen heraus.“

Ähnlich wie die Oma litt auch Vater August an Asthma und Luftnot, wenn es zu viel Dreck und Staub bei der Arbeit gab. Deshalb übernahm Klaus schon früh das Strohhäckseln und auch das Mehlmahlen in der Schrotmühle. Wie stickig war es oft beim Heueinfahren, wenn das Heu bei der Hitze oben in der Scheune unter dem Dach festgetrampelt werden musste! Eine Aufgabe für die Kinder. Wie lange es brauchte, um „nachzuharken“, also die letzten Halme noch aufzugreifen. Jedes Hälmchen war gutes Viehfutter! Die Kinder lernten früh, was „Durchhaltevermögen“ und Sparsamkeit bedeuteten.

„Wie gerne habe ich gelesen! Wir hatten nie genug Bücher!“ erinnert sich Klaus. Sonntags war Zeit zum Bücherlesen, auch für die Eltern, die sich gerne in der Verwandtschaft besondere Werke ausliehen, zum Beispiel von Ganghofer, Dostojewski, Dahn, Papke. Die belesene alte Näherin der Familie brachte im Winter einige Bücher mit, auch für die Kinder. Aber die Bücher von Karl May hat Klaus bei Spielkameraden gelesen. Und einmal bekam er zu Weihnachten von den Eltern doch „Lederstrumpf“ geschenkt, eine preiswerte Sonderausgabe. Da waren alle Kinder von Spieckern infiziert. Es fanden Cowboyspiele statt und „Räuber und Gendarm“. Sie holten sich Schüppen, Hacken und Spaten und zogen meterlange Gräben auf der Obstwiese des Nachbarn. Hier hatten sie „Narrenfreiheit“. Über die Gräben legten sie alte ausgediente Türen, wieder Erde und Gras drüber, wie ein Schützengraben. „Jetzt sind Grabenkämpfe dran“, beschlossen die Kinder mit vor Aufregung roten Gesichtern. „Aber gegen wen?“ Sie stellten sich vereint auf die Höhe und schrien rüber zu den Kindern auf der anderen Seite des „Heiersköppken“: „Ihr von Spieckerlinde, kommt doch rüber, wenn ihr euch traut!“. Die Gegner kamen nicht. In der Schule stichelten sie erneut gegen die „Spieckerlinder“. Die erschienen am Nachmittag. Mit Gegröle und mit Stöcken und Stricken gingen die Herausforderer nun auf sie los. Einen nahmen sie gefangen, die anderen liefen weg. Aber diesen einen fesselten sie an einen Baum, rissen trockenes Gras von der Wiese, legten noch Heu dazu, kreisrund um den Gefangenen herum. Einer hatte zu Hause eine fast leere Streichholzschachtel mitgehen lassen. Jetzt wurde das trockene Gras angeflämmt, erst kokelte es, dann brannte es sogar. Der Gefesselte schrie, aber die Anderen aus seiner Gruppe waren schon lange außer Hörweite. Und so machte es auch den Karl-May-Fans von Spieckern bald keinen Spaß mehr. Das Feuer war erloschen, die Stricke wurden gelöst und der Befreite lief so schnell, wie er konnte und suchte das Weite.

Im Herbst war wieder eine mühsame Arbeit für die Frische-Kinder dran. Vor dem Säen der Wintersaat mussten auf dem Acker Steine aufgelesen werden, stundenlang, ohne Handschuhe. Bei acht bis zehn Grad bekamen alle kalte, steife Finger. Klaus und Irmgard wollten doch so gerne einen Film anschauen. Zweimal im Jahr erschien der Evangelische Filmdienst auf den Dörfern und zeigte gut ausgesuchte Kinofilme. Der Kinderfilm lief dann am Nachmittag. „Wenn wir fertig sind, dürft Ihr dahin, dann geht schnell Hände waschen“, gebot die Mutter. Ein Blick zum Himmel. Die Kraniche flogen nach Süden. Die konnten fliegen, so wie sie wollten. Aber die Arbeit war um drei Uhr nachmittags noch nicht getan. „Es half kein Weinen, kein Zeter und Mordio. Wir mussten weiter helfen, der Film war verpasst“, so erinnert sich Klaus.

„Richtiges“ Kinderspielzeug gab es in der Familie kaum. Die Eltern August Frische und Helene, eine geborene Kotthaus, hatten ein großes Ziel vor Augen: einen Neubau des Bauernhofes. Der würde wohl viel Geld verschlingen. Ende der 50er Jahre entwickelten sie die ehrgeizigen Pläne. Das alte Gehöft war zu eng, zu klein und zu verbaut, um erfolgreich wirtschaften zu können. Die Arbeitswege waren so zahlreich und umständlich! Die Dächer waren in einem gefährlich schlechten Zustand. Im Winter blies der Wind den Schnee oft bis auf den Körnerboden. Im Herbst hatte August die 50kg-Säcke heraufgetragen bis in das Spitzdach des Hauses. Hier wurden die Getreidekörner ausgeschüttet, sie mussten gut belüftet bleiben, um nicht Schimmel anzusetzen. „Klaus, guck nach! Geh nach oben, bestimmt haben wir wieder Schnee oben bei den Körnern. Nimm die Schaufel mit und schaff ihn weg!“ So ging Klaus die drei Treppen hoch, um den Schnee wegzuschaufeln, immer wieder. Später, bei Bedarf, wurden die Körner wieder eingesackt und drei Treppen heruntergetragen zum Mahlen und danach an die Tiere verfüttert. Es kam im Winter noch schlimmer: War auf dem Heuboden, der zweiten und dritten Etage des Wohnhauses der Platz frei geworden, fuhr die Familie mit dem vollen Heuwagen aus der Scheune vor und lud das Heu in das bessere Lager im Haus. Eine „Knochenarbeit“, immer wieder. So viel Arbeit für zehn oder elf Milchkühe! Für 16 Kühe war der Neubau auf der weiten Wiese gedacht, ein Aussiedlerhof. „Wohl größenwahnsinnig geworden!“, kritisierten einige Nachbarn. Klaus und Irmgard erlebten, dass die Eltern jede Mark „dreimal umdrehten“. Es gab wenig neues Spielzeug. Und so spielten die Kinder oft mit den geerbten Spielsachen der Eltern. Irmgard hatte ein Holzschränkchen für Puppenkleidung aus Kindertagen ihrer Mutter und auch eine Korbwiege. Der Vater hatte als Kind schon ein großes Holzpferd mit starr angehängtem Karren besessen, „die Bollerliese – dieses Gefährt war einfach nur steif und ohne eine gelenkige Verbindung, es fiel immer nur um. Ich hab‘ fast nie oder nur ungerne damit gespielt“, sagt Klaus ehrlich.

Aber einmal bekam er von einer Tante aus Barmen ein wirklich attraktives Spielzeug geschenkt: ein recht großes Blechauto, so ähnlich wie ein Güllewagen. Man konnte oben Wasser einfüllen und dann

Wasser verspritzen, das war schon besser. „Und einmal habe ich ein kleines SIKU-Modellauto bekommen aus dem Haushalts- und Spielwarengeschäft Drewes in Lennep. Zu Weihnachten. Das habe ich immer noch", erzählt Klaus. Einen Wunschzettel zu Weihnachten haben die Geschwister nicht geschrieben. Es gab wohl insgeheim Wünsche, aber die wurden nie laut ausgesprochen. Wie gerne hätte Irmgard einen eigenen neuen Teddy gehabt! Später träumte sie von einem Musikinstrument. Die Sehnsucht danach war sehr groß, aber an ein Klavier und Klavier-Unterricht wagte sie nicht zu denken.

Kartenspiele mit Skatblättern waren in der Familie nicht erlaubt. „Wohl haben wir sonntags mit den Eltern schon mal ‚Mensch ärgere dich nicht' gespielt, auch Mühle und Halma. „Aber Gesellschaftsspiele finde ich immer noch doof", meint Klaus. „Ich habe stattdessen immer alles gelesen, was ich in die Finger bekam, das war mir lieber!" Einmal hielt das ältere Nachbarmädchen Helga ein besonderes Heftchen in der Hand. Die Familie Schreckegast hatte, wie viele Einheimische, auf der Freilichtbühne in Remscheid Lüttringhausen ein besonderes Theaterstück gesehen: „Krach em Dorp"; „Heimatspiele", von Laien aufgeführt. Sie waren so davon angetan, dass sie auch ein Textbuch gekauft hatten. „Das können wir jetzt auch mal machen, Heimatspiele aufführen", schlug Helga begeistert vor, und alle umstehenden Kinder machten mit. Sie suchten zu Hause in der Kleiderkiste, fragten auch Oma und Opa nach Utensilien, verkleideten sich und malten sich das Gesicht mit Ruß an. Mit Stock und Hut sind sie auf dem Foto zu sehen. So zeigten sie sich von Haus zu Haus. Viele Sätze brauchten sie nicht auswendig zu lernen, sie machten auch so Eindruck.

Kinder von Spieckern spielen Theater

Mit acht oder neun Jahren begleitete Klaus seinen Vater schon auf dem Traktor, wenn es zum Kartoffelausliefern nach Beyenburg, Barmen oder Ronsdorf ging. Schule und Hausaufgaben waren jetzt Nebensache, die Kundschaft wartete auf Kartoffeln. Etwa 300 Zentner hatten sie geerntet, die Kinder aus dem Dorf hatten reihum bei den Bauern Kartoffeln auf dem Feld aufgesammelt; sie bekamen dafür sogar schulfrei. Vom Beifahrersitz des Treckers schaute Klaus jetzt nach hinten: Auf der Schlagkarre, dem einachsigen Anhänger, standen bestimmt 50 Säcke, in jedem Sack ein Zentner, also 50 kg Kartoffeln. Er selbst brauchte keinen schweren Sack zu den Kunden zu tragen. Sein Rücken sollte geschont werden, wo er doch noch im Wachstum begriffen war. Aber bei jedem Stopp war es eine große Hilfe, wenn der Sohn schon mal die schweren Säcke zum Abladen nach hinten ziehen konnte. An mehreren Tagen, meist Ende September / Anfang Oktober, wurden die Einkellerungskartoffeln ausgeliefert.

Wenn wieder Zeit zum Spielen war, ging es bei trübem Wetter in irgendeine Scheune, natürlich ohne Streichhölzer. Bei trockenem Wetter wurden im Wald Buden gebaut. Oder man stiefelte zum Teich, ließ selbst gebaute Schiffchen schwimmen und ging von „Piepersberg-Teich“ den ganzen Spieckerer-Bach (heute Hengstenbach) entlang bis zur Mündung in die Wupper, zum Stausee in Beyenburg. Freiheit!

Wenn es im Sommer richtig heiß war und sie frei hatten, konnten die Kinder von Spieckern und Umgebung im Nachbarort im Kotthauser Teich schwimmen. Es war wohl eher ein Tümpel, und doch haben die Älteren den Jüngeren hier das Schwimmen beigebracht. Die Eltern begleiteten diesen „Schwimmunterricht“ nicht. Für Irmgard hatte der Vater von der Tankstelle den Schlauch eines alten Autoreifens besorgt, als Schwimmhilfe.

Mit zwölf Jahren setzte sich Klaus auf das große, neu angestrichene Fahrrad seines Vaters. Er fuhr zusammen mit drei Gleichaltrigen etwa 20 Minuten zum kirchlichen Unterricht nach Lüttringhausen. Oft gaben ihnen Nachbarn in einer Tasche alte Schuhe mit auf den Weg. Auf dem Rückweg kamen sie an der Olper Höhe vorbei, dort gab es eine Gaststätte und die Knaben kehrten ein. Doch nicht in die Gaststube, sondern nebenan beim Schuster. Der sollte die schadhaften Schuhe der Nachbarn reparieren.

Im Frühjahr 1965 kam Klaus aus der Schule – nach acht Jahren Unterricht an der einzügigen Volksschule. Nach der Konfirmation begann er die Lehre im elterlichen Betrieb auf dem Bauernhof. Schon mit vier Jahren hatte er bei einem fortschrittlichen Nachbarn auf Feldwegen und auf dem Feld den ersten Traktor lenken dürfen. Er hatte dabei auf dem Schoß des Nachbarn gesessen. Jetzt trat der Ernstfall ein. An einem Montag im September ging August Frische, sein Vater, erstmalig wegen Beschwerden zum Arzt, von dort direkt in das Krankenhaus, am Samstag der gleichen Woche war er tot. Es war am Tag der Kartoffellese. Der Nachbar stand mit Tränen in den Augen am Feldrand und winkte die Kinder Klaus und Irmgard heran. Wie sollte er den Beiden sagen, dass ihr Vater gestorben war? Große Bestürzung, Fassungslosigkeit, Tränen bei allen. Irmgard, elf Jahre, ohne Vater, Klaus, 14 Jahre, ohne Vater. Helene war jetzt Witwe mit zwei unmündigen Kindern und lebte auf einem neuen Hof mit finanziellen Lasten. Wie sollte die Arbeit getan werden, wie die Schulden abgetragen werden? Die Zukunft war ungewiss.

Mit 14 Jahren, nach nur fünf Monaten Lehrzeit, war Klaus nun ein Jungbauer. Jetzt hatte er alles zu meistern, und es war der Ernstfall. Die Zeit des Spielens war endgültig vorbei.

Werner

Die junge Frau hatte die Zwillinge 1945 noch in der Kriegszeit geboren, einen Jungen und ein Mädchen, Werner und Lore. Das war in Thüringen. Wie sollte sie die Kinder groß kriegen?

Auf der Flucht vor der Sowjet-Armee trocknete sie die Windeln im Tender der Dampflok. Die Kleinen waren sechs Monate alt. Der Vater hat sie nie gesehen, er war als Soldat gefallen. Die junge Mutter erreichte mit den Zwillingen das Durchgangslager Friedland, wo alle Flüchtlinge registriert wurden. Nach einigen Monaten kamen sie dann an ihrem Heimatort Ronsdorf an, einem Stadtteil von Wuppertal. Zum Glück lebte hier ihr Vater, der Großvater der Kinder. Ohne ihn hätte sie die ersten Jahre kaum geschafft. Wenn sie arbeiten ging, passte er auf die Beiden auf, versorgte sie und teilte sein knappes Essen mit ihnen.

Das Brot brachte der Bäcker mit einem Karren, der von einem großen Hund gezogen wurde. Milch, Eier und Käse lieferte der Milchbauer und Obst, Gemüse und Fisch wurden vom Gemüsehändler gebracht. Die Kinder hörten ihn rufen: „Von Holthausen bis zum Westen sind Pfeiffers Heringe die Besten“. Und alle bestaunten seinen Lieferwagen, das erste Auto in der Straße.

Ungestört von Erwachsenen oder gar Autofahrern spielten die zahlreichen Kinder auf der gepflasterten Straße. Ein kleiner, schwarzer Spitz machte oft Jagd auf Werner. Dieser lief dann erschrocken weg. Er war ein ängstliches Kind.

Fußballspielen jedoch war seine Leidenschaft, und wenn er die anderen Jungen mit einem Ball sah, war er sofort dabei. Etwa zehn Jungen waren zusammengekommen. Und weil es kaum Autos gab, konnten sie sich immer auf der Straße treffen. Die Straße war gepflastert, und man musste schon gut aufpassen und sich geschickt verhalten. Einen richtigen Ball hatten sie nicht. Eine Mutter hatte aus Stoffresten einen „Fußball" genäht, so konnten die Fußballbegeisterten dem „Ball" hinterherjagen. Spielen war aber nur bei trockenem Wetter möglich, da das Lumpending bei Nässe nicht zu gebrauchen war. Irgendwann bekam Werner einen Gummiball geschenkt. Den Ball fest unter den Arm geklemmt, erschien er auf der Straße wie ein „König". Jetzt konnte er bestimmen, wer in welcher Mannschaft mit wem zusammenspielte. Als der Gummiball in die Dornen getreten wurde und Luft abließ, war die Trauer groß. Die Jungen hatten keinen Ball mehr zum Spielen. Da kamen sie auf die Idee, Pfennige und Groschen für einen echten Lederball anzusparen. Wie konnten sie sich etwas Geld verdienen? Sie fragten in den kleinen Geschäften und Handwerksbetrieben nach Tätigkeiten, die für einen geringen Obolus zu erledigen waren: Taschen nach Hause tragen, leere Bierflaschen wegbringen, wichtige Nachrichten übermitteln. Als Dankeschön gab es zumeist eine kleine Münze. Und so füllte sich die Spardose, die der Älteste verwaltete, mit Pfennigen und Groschen. Es dauerte lange, bis 15 DM zusammen waren. Das Geld wog schwer, so viele kleine Münzen! In der Nähe gab es keinen Lederball zu kaufen, so machten sie sich auf ins benachbarte Elberfeld. Der Weg von Ronsdorf nach Elberfeld war etwa zehn Kilometer lang. Fahrgeld war teuer. Es waren große und kleine Jungen, und so liefen sie an einem Tag in den Ferien gemeinsam, natürlich ohne Erwachsene, die Strecke bis nach Elberfeld Mitte. Sie benötigten wohl fast zwei Stunden für den Hinweg. Sie hatten gehört: „Dort gibt es ein Sportgeschäft. Da kann man Lederbälle kaufen." „14,35 DM, so teuer war unser Ball, ich weiß es noch ganz genau", erinnert sich Werner. „Draußen trat einer von uns sofort gegen den neuen Ball, er flog gegen die Schaufensterscheibe, die zum Glück dem Angriff des Balles standhielt. Da nahm der Älteste von uns den Ball und gab ihn erst zu Hause wieder frei." Die Freude der Jungen war unbeschreiblich, ein echter Lederball in ihrem Besitz! Sie wählten einen Ballwart, pflegten den Ball mit Fettcreme, schützten ihn vor Regen. So hielt der Ball jahrelang. Gespielt wurde dann im „Freymanns-Büschchen" und auf dem Platz der abgebrannten Schule Holthauser Straße. Auch auf dem „Ochsenfeld", einer Wiese gegenüber der heutigen Gesamtschule Ronsdorf. Früher hatten die Bauern ihre Ochsen zum Weiden dorthin geführt. Aber jetzt war der Platz zum Spielen für die Jungen freigegeben. Fußballschuhe hatte keiner von ihnen.

Fußball spielten nur die Jungen, aber wenn sie Völkerball spielen wollten, riefen sie die Mädchen dazu. Zu mehreren machte das mehr Spaß. Das Spielfeld wurde durch die Laternenmasten begrenzt.

Tagsüber waren die Kinder stundenlang draußen. Ein beliebtes Spiel war auch „Schibbelreifen". Sie setzten alte Fahrradfelgen in Bewegung und hielten sie mit einem Stöckchen am Laufen. Zwei Mannschaften spielten gegeneinander. Von der Breite Straße ging es den Berg hoch, Am Sonnenschein und dann ein Stück die Holthauser Straße entlang. Die Kinder waren immer an der frischen Luft und immer in Bewegung, keiner wollte früh nach Hause, erinnert sich Werner. „Aber wehe, wenn ich Durst hatte, so großen Durst, dass ich hoch ins Haus zur Mutter ging, um etwas zu trinken. Dann musste ich immer die Tasche nehmen und einkaufen gehen. Das Spiel war aus für mich." „Was redet der Jung' denn da immer?" überlegten zwei Frauen, die ihn trafen. „Ein Viertelpfund Leberwurst, ein Viertelpfund Leberwurst", brabbelte er vor sich hin. Sooft war es schon vorgekommen, dass er im Laden stand und nicht mehr wusste, was er einkaufen sollte, da er immer irgendwelche Kameraden traf. Da war es besser, die Einkaufsliste vor sich her zu sagen. Fünf Bäcker gab es zu jener Zeit in der Breite Straße, Metzgerläden und kleine Lebensmittelgeschäfte kamen noch dazu. Jeder konnte nur einkaufen, was man auch zu Fuß nach Hause tragen konnte.

Für die Kinder gab es so kurze Zeit nach Kriegsende keine großen Geschenke, weder zum Geburtstag noch zu Weihnachten. So knapp war in seiner Familie das Geld, dass Werner zum Christfest dreimal dasselbe Geschenk bekam: einen kleinen Panzer aus Blech, der mit seinen Raupenbändern über Bauklötze fahren konnte. Im Frühjahr, wenn das Spiel sich wieder nach draußen verlagerte, verschwand dieser Panzer irgendwann und die Mutter versteckte ihn bis zum nächsten Weihnachtsfest. Repariert oder neu angestrichen erhielt der kleine Junge dann wieder dieses Spielzeug – drei Mal! Und die kleine Schwester? Sie bekam bestimmt eine kleine Puppe und das nächste Mal zu Weihnachten ein neues, von der Mutter selbst genähtes Puppenkleidchen. Auch die Kleidung für ihre Zwillinge nähte die Mutter meistens selbst, oft aus abgelegten Kleidungsstücken. Wie gut, dass es den Opa im Haus gab! Er kümmerte sich um die technischen Sachen im Haus. Natürlich übernahm er auch die Gartenarbeit, zog Möhren und Kohl heran. „Wie schriffst du dich? Wat makt dinn Vatter?“ fragte der Opa, wenn Werner einen fremden Jungen mit ans Gartentor brachte. Er wollte Bescheid wissen, wen er da vor sich hatte. Mit Unbekannten sollten die Enkelkinder nicht spielen.

Die Mutter war Buchhalterin, wenn sie abends in die Spedition zum Arbeiten ging, brachte der Opa die Kinder ins Bett. Das Bett des Opas und die Kinderbetten standen im gleichen Raum.

Als der Opa starb, waren die Zwillinge neun Jahre alt. Seine Fürsorge fehlte, seine Arbeitskraft und auch seine kleine Rente. Nun mussten die Kinder abends, wenn die Mutter ins Büro ging, allein im Haus bleiben. Und Werner lernte, sich um die technischen Dinge zu kümmern.

Als es auf die großen Festtage zum Jahresende hin ging, schlief Werner wie üblich vor dem Tag der Bescherung nicht. Aber aufstehen und gucken durfte er ja nicht. Wieder der Panzer?

Dann ging es am Heiligen Abend zur Bescherung. Gespannt öffnete er das bunte Päckchen. Kein Panzer! Er entdeckte – welch eine Freude – eine kleine, elektrische Eisenbahn mit Schienen und Batterieanschluss, mit allem Drum und Dran! Nein, doch nicht, das Entscheidende zum Fahren fehlte: die Batterie. Die Mutter hatte nicht bedacht, dass die Batterie im Karton nicht enthalten war. Was war zu tun, damit die Eisenbahn am Abend der Bescherung lief? Der Nachbar auf der Etage gegenüber hatte die Idee, den Trafo mit der Haustür-Klingel zu verbinden. So hatte er am Heiligen Abend nachts um 24 Uhr die Verbindung hergestellt. Immer, wenn der Nachbar auf die Klingel an der Haustür drückte, lief drinnen im Wohnzimmer die neue Eisenbahn.

Marlene Hulverscheidt

„Da gab's ja bei uns nicht extra Geld für! Aber die anderen Kinder aus der Umgebung, die konnten bei uns schon manchmal 2,50 DM am Nachmittag verdienen." Es war zur Zeit der Kartoffelernte auf Marscheid in Wuppertal-Barmen. 16 bis 20 Kinder standen nebeneinander in der Reihe und bückten sich stundenlang, um Kartoffeln aufzusammeln. Natürlich mit bloßen Händen, nicht mit Arbeitshandschuhen, ergriffen sie schnell große und kleine Kartoffeln. Mit Sammelfieber legten sie die Knollen in „Drahtmangen" oder Weidenkörbchen. Die wurden dann auf den großen Wagen entleert, der zu Beginn der 50er Jahre von einem Pferd gezogen wurde. Wie gerne hätten Marlene und Lieselotte auch mal auf benachbarten Bauernhöfen Kartoffeln aufgelesen, um sich etwas Geld zu verdienen. Aber sie waren immer auf dem elterlichen Bauernhof als Arbeitskräfte notwendig. Von Sonnenaufgang bis Sonnenuntergang hatten Vater und Mutter und Walter, der große Bruder aus der Familie Berg auf dem großen Bauernhof immer zu tun. Und jetzt, zur Herbstzeit, hatte die Mutter auch für etwa 20 Kinder geschmierte Brote, Muckefuck und oft auch Kartoffelsalat vorzubereiten. Der Obstkuchen wurde von einem Bäcker aus der Verwandtschaft auf zwei großen Blechen angeliefert. Die Pflaumen dafür hatten sie in der Bauernfamilie dazu beigesteuert, gewaschen, aufgeschnitten und entsteint. Die Mahlzeit für die „Kartoffelleser" fand im Kuhstall statt. Da waren Lieselotte und Marlene natürlich auch dabei.

Von klein auf waren sie es gewohnt, die Mutter bei ihrer Arbeit zu begleiten. So lernten sie fast spielerisch und nebenbei die Hausarbeit. Schon vor Schuleintritt nahmen sie der Mutter leichte Arbeit ab: Tisch decken und abräumen, spülen und abtrocknen, Küche fegen, Staubputzen, Hof fegen, Unkraut jäten und am Wochenende Gartenwege harken. Wie viele Wege konnten sie der Mutter schon abnehmen. Und ging es für die Mutter aufs Feld, waren sie natürlich dabei. „Mach dem Pferd mal die Fliegen weg!", hieß es dann oft. Es war zur Zeit der Heuernte, die Pferde waren auf dem Feld vor den Wagen gespannt, mussten ziehen und auch wieder anhalten. Sie trampelten mit den Beinen, schlugen mit dem Kopf und mit dem Schwanz, um die lästigen, blutrünstigen Fliegen zu vertreiben. Da knickte der Opa vom Baum am Feldrand einen großen Zweig ab und reichte ihn seiner Enkeltochter. Die wusste Bescheid. Vorsichtig wedelte sie mit dem Zweig um das Pferd herum, um die hartnäckigen Insekten zu verscheuchen.

Heuernte bei der Familie Berg

Ein anderes Mal bekam sie die „Treckherke" in die Hand gedrückt. Etwa 1,50 Meter breit war diese schwere Harke, mit scharfen Metallzähnen. Die Großen hatten mit Heugabeln schon das Heu von den Reihen zusammengeschoben, aufgespießt und auf den Wagen angereicht. Sie blickten kurz zurück: wie viele Halme lagen noch vereinzelt auf dem Feld!

Das war doch noch gutes Viehfutter! Jetzt zog die achtjährige Marlene die Treckharke hinter sich her. „Da sammelt sich richtig was an", staunte sie. Und immer, wenn die Harke voll war, schob sie das Gerät etwas zurück, hob es über die kurze Heureihe und nahm wieder neue Halme auf. „Pass bloß auf, dass du dir die Zinken nicht in die Fersen stößt", warnte die Mutter.

Egal, ob bei der Heuernte, der Kartoffellese oder auf dem Rübenacker, die Kinder waren immer dabei und halfen. Sie konnten nicht nach einer Viertelstunde sagen: „Och, jetzt hab' ich aber keine Lust mehr, jetzt geh ich spielen!" Sie hatten vielleicht schon zwei Stunden lang geholfen, Heu mit der Harke auf Reihen zu ziehen, da hieß es dann von der Mutter: „Jetzt könnt ihr Mädchen mal runter zum Bach gehen und spielen, bis wir euch wieder rufen!" Auf dem Rübenacker wuchsen die jungen Pflanzen in geraden Reihen. Zuerst wurde an diesen erkennbaren Reihen entlang gehackt. Natürlich kam die Mutter viel schneller voran, aber es war ihr wichtig, die Töchter bei der Arbeit zum Durchhalten anzuleiten. Bald mussten die Pflanzen, die sich zu Viehfutter entwickeln sollten, vereinzelt werden. Nur wenn eine Pflanze um sich herum Platz hatte, konnte sie sich stark entwickeln. Deshalb krochen die Frauen und Kinder auf Knien rutschend an den Reihen entlang. Die erfahrenen Frauen griffen mit schnellen

Bewegungen rechts und links immer vier oder fünf Sprösslinge aus den Pflanzenreihen gleichzeitig und zogen sie vorsichtig heraus. Die Kinder mussten es ihnen nachmachen.

Samstags wurde das Haus geputzt. Vormittags war die elfjährige Marlene noch in der Schule gewesen. Nach dem Mittagessen – samstags gab es keine Hausaufgaben – trug sie Putzeimer, Besen und Schrubber die Treppe hoch. Manchmal war es ihr zu lästig, unten auf dem Ofen Wasser zu kochen, dann entnahm sie oben in der Wohnung das Leitungswasser zum Putzen, das war kalt. Nicht leicht war es für die Kinderhände, den groben Aufnehmer auszuwringen. Im Winter musste sie besonders schnell und geschickt die Böden aufwischen, sonst hätte sich schon wieder eine Eisschicht auf die rot gestrichenen Dielenbretter gesetzt.

Wenn alle Arbeiten erledigt waren, hatte Marlene am Tag vielleicht noch etwas Zeit, um mit der vier Jahre jüngeren Schwester zu spielen oder um auf dem Harmonium zu üben, denn beide Töchter bekamen Unterricht auf diesem klavierähnlichen Instrument. Schon in jungen Jahren, in der Bauernfamilie Kotthaus auf Holthausen, hatte die Mutter den Choralgesang der Familie auf diesem Harmonium begleitet.

An ein besonderes Spiel mit Puppen kann sich Marlene noch heute gut erinnern: „Wir Mädchen setzten alle Puppen und Teddybären, die wir hatten, auf die Stufen unserer Treppe. Eine Puppe zogen wir besonders fein an. Dann nahmen wir alte, ausrangierte Gesangbücher. Helga, etwa vier Jahre älter als ich, konnte schon lesen. Und dann spielten wir immer wieder ‚Kindtaufe' und sangen Lieder, die wir konnten. Vielleicht waren es sogar Weihnachtslieder.

Aber bald wurden sie wieder von der Mutter gerufen. Manchmal mussten sie in die Nachbarhäuser laufen, um wichtige Nachrichten zu überbringen. Beim Klingelton des Telefons hatte die Mutter ihre Küchenarbeit unterbrochen und mit ein oder zwei Sätzen das Gehörte aufgeschrieben. Die Botschaft war für die Nachbarfamilie bestimmt. Auf Marscheid besaß nur die Familie Berg ein Telefon, und so wurde sie zur „Schaltstelle" für die Dorfgemeinschaft. Marlene lief mit dem Zettelchen zur Nachbarin, vorbei an fremden Gänsen, die ihr oft ins Bein zwickten. Einmal im Monat gingen die beiden Schwestern von Familie zu Familie, um zu „kassieren". Die Nachbarn hatten sich angeboten, einen Teil der Grundgebühren zu bezahlen. Das war nur gerecht, denn wie oft mussten Alwine oder Otto Berg ihre Arbeit unterbrechen, um Telefongespräche für andere Familien entgegenzunehmen. Manchmal schlug Otto auch hinter dem Haus kräftig mit der Peitsche in die Luft, das konnte ihm kaum einer nachmachen. Jenseits des Tals auf dem gegenüberliegenden Berg lebte die Familie Büchel. Das Küchenfenster stand immer offen. Sollten sie ans Telefon gerufen werden, ließ Otto die Peitsche knallen. Weithin zu hören. So brauchten sich Marlene und Lieselotte nicht auf den langen Weg zu machen.

Walter, ihr wesentlich älterer Bruder, arbeitete schon lange den ganzen Tag mit auf dem Bauernhof. Er besaß schon als Kind große Lust zur Landwirtschaft und würde als einziger Sohn einmal den Betrieb übernehmen. Wieviel Arbeit war auch für die Mädchen zu erledigen – neben Schulbesuch und

Hausaufgaben. Trotzdem hatten sie, wie sie sagen, eine schöne Kindheit, in der auch Spielen, Lachen und Fröhlichsein ihren Raum hatten.

Wie gerne hätte Marlene nach der vierten Klasse wohl eine weiterführende Schule besucht? Aber dieser Gedanke war in den Bauernfamilien fremd. Als Marlene dann nach der Schulentlassung – sie hatte acht Jahre lang die nahegelegene Volksschule besucht – gemeinsam mit der Mutter das Haus verließ, um notwendige Arbeit im Garten zu erledigen, weinte sie. Nach den Ferien hatte die Schule wieder begonnen, und sie durfte nicht mehr hingehen. Wie gerne hatte sie gelernt, wie gerne war sie mit den anderen Kindern zusammen gewesen! Auch als der Lehrer einen Hausbesuch machte und von einem Aufbaugymnasium sprach, hieß es vom Vater: „Die Mutter braucht dich als Hilfe. Du musst zu Hause bleiben!“ Die Oma war schon pflegebedürftig. Es gab keine Möglichkeit, eine andere Hilfe zu bekommen. „Wenn aber dann Lotti aus der Schule kommt, dann bin ich weg!“, beschloss Marlene. Mit dieser Aussicht hielt die um vier Jahre ältere Schwester das Arbeiten zu Hause aus.

Sie durfte dann auch auf einem größeren bäuerlichen Lehrbetrieb ein sogenanntes „Fremd-Lehrjahr“ machen, das mit der Prüfung zur ländlichen Hauswirtschaftsgehilfin abschloss. Anschließend machte sie in Rolandseck eine Ausbildung in landwirtschaftlicher Buchführung. Diese Zeit im Internat haben ihr die Eltern bezahlt.

5/ Wie Feierabend, Wochenende und Urlaub gestaltet wurden

Die Arbeitswoche war lang und anstrengend. Für die meisten Berufstätigen endete sie erst am Samstagmittag. Das Gefühl von Feierabend machte sich langsam in den Familien breit, bis zum Sonntagabend bestimmte ein anderer Rhythmus das Leben. In der Küche roch es nach Braten und Sonntagskuchen, draußen wurde das Auto gewaschen, falls man eines hatte. Man stieg in die Badewanne und genoss vielleicht einen Abend vor dem Fernseher. Der Sonntag war für den Kirchgang, ein opulentes Mittagsmahl und einen anschließenden Spaziergang oder Verwandtenbesuch vorgesehen. Für die Autobesitzer war eine größere Tour ein Muss. Da kamen schnell ein paar Hundert Kilometer zustande.

Zu den arbeitsfreien Zeiten kamen 1960 noch 20 Tage Urlaub im Jahr hinzu; kostbare Tage, die sorgfältig geplant werden wollten. Die Reiseziele wurden immer weiter gesteckt, die Autobahnen waren frei, ein Tempolimit weitgehend unbekannt. Vorsichtig wagte man sich, die benachbarten Länder zu besuchen – als Deutscher wurde man so kurz nach dem Krieg nicht überall herzlich aufgenommen, Österreich vielleicht ausgenommen. Italien mit seinen Stränden oder auch die Seen südlich der Alpen waren Traumziele, falls man es mit dem eigenen Auto bis dahin schaffen konnte. Und so kämpften sich in den 60er Jahren Tausende VW Käfer und andere vollbepackte Kleinwagen über die Alpen, damit man in Italien Sonne, Pizza und Lambrusco genießen konnte.

Heiße Würstchen

Unvergesslich sind mir die Reiserlebnisse einer älteren Frau aus Duisburg zu Anfang der 60er Jahre. Das Urlaubsziel war der Schwarzwald. In und auf den Lloyd 600, einen Kleinwagen, wurde die vollständige Campingausrüstung gepackt: Zelt, Luftmatratzen, Campingstühle, Schlafsäcke und so weiter. Im Auto, zwischen dem weiteren Gepäck, saßen die Eltern mit den beiden Kindern. Eine Unterhaltung war während der Fahrt kaum möglich, aber gegen das laute, knatternde Geräusch des Zweitakters wurde stets tapfer angesungen. Gegen Mittag machte man die ersehnte Pause. Die Mutter hatte wie immer Kartoffelsalat dabei, der nebst Tellern und Besteck zwischen ihren Füßen wartete. Nachdem die Kinder eine Wolldecke ausgebreitet und die Mutter das Geschirr liebevoll auf der Decke verteilt hatte, kam die Stunde des Vaters. Der nahm einfach eine Kombizange und befreite eine große Dose mit Würstchen, die er vor Fahrtantritt mit dem Auspuff verdrahtet hatte. Und so gab es, wie immer, heiße Würstchen mit Kartoffelsalat.

Wochenend-Tramptour

Was macht man, wenn man nicht genug Geld besitzt, um zu verreisen, aber die Sehnsucht groß ist, die Welt oder wenigstens die nähere Umgebung kennenzulernen? Man trampt! Jedenfalls war das für mich und viele meiner Freunde die einzige Möglichkeit, um mal raus zu kommen.

Das Schöne daran ist, dass es kein Geld kostet, man frei von jeglichen Fahrplänen und Verkehrsmitteln ist und man eine Menge hilfsbereiter Leute trifft, die einem nicht selten viel von sich erzählen. Das Schlechte daran ist sicher, dass man oft lange auf einen solchen Menschen am Straßenrand warten muss und man nie genau weiß, wo man landen wird.

Leider gab es auch etliche brenzlige Situationen. Manchmal bin ich als junger Bursche von 15 oder 16 Jahren von älteren Männern sexuell belästigt worden, oder die Fahrer waren betrunken oder wollten mich zu ihrer Einstellung von Gott und Welt bekehren. Das alles hat uns aber damals nicht davon abgehalten, immer wieder an der Autobahn-Auffahrt Ronsdorf zu stehen, um aus dem Städtchen zu entfliehen.

Einer meiner Trampgenossen war Uli, ein naturliebender junger Mann, von dem ich damals mit meinen 16 Jahren eine Menge seiner Fahrtenerfahrung gelernt habe. Laut meinem Tagebuch war es der 30. September 1961, ein schöner Herbsttag. Ein kurzes Wochenende lag vor uns; denn bis Samstagnachmittag hatte ich zu Hause arbeiten müssen. Der Garten hatte umgegraben und der Hühnerstall von Kot gereinigt werden müssen. Das samstägliche Bad musste ausfallen. Stattdessen zogen wir los; minimal bepackt mit US-Schlafsack, Pullover, US-Poncho, ein Paar Schnitten Brot und einer halben Fleischwurst. Das musste reichen bis Sonntagabend – unterwegs gab es sicher irgendwo ein paar Äpfel zu pflücken. Alles hatte mühelos Platz in einem alten Wehrmachts-Rucksack. Eine volle Trinkflasche hatten wir selten dabei, die hätte nur zusätzliches Gewicht bedeutet.

Uli und Gerhard auf Tramptour, 1960

An dem späten Nachmittag kamen wir nicht weit. Abwechselnd wanderten wir oder fanden einen bereitwilligen Autofahrer. Zuletzt nahm uns noch ein Kripobeamter mit, dem wir zunächst nicht geheuer erschienen, da wir kein konkretes Ziel angeben konnten. Das war ja auch nicht unsere Absicht, und so landeten wir irgendwo zwischen Wipperfürth und

Marienheide. Nach einer weiteren gewanderten Stunde in völliger Dunkelheit erreichten wir eine kleine Kuhwiese mitten im Wald. Hier wurden Brotschnitten, ein paar Äpfel und die halbe Wurst Opfer unseres Hungers, der Rest musste für morgen reichen. Herbstlicher Abendtau legte sich auf Gras und Sträucher, es wurde ungemütlich kalt. Um nicht auf der feuchten Wiese schlafen zu müssen, suchten wir einen besseren Platz. Eine alte, abgestellte Mistkarre wurde dann unser Nachtlager, stinkend, aber trocken und von allen Seiten gegen Wind geschützt. Wir schliefen bis morgens um sechs Uhr, bis ein Rehbock in der Nähe uns mit seinem Gebell aufweckte. Ein bisschen feucht waren unsere Schlafsäcke dann doch, aber die immer wärmer scheinende Sonne, die langsam den Morgennebel vertrieb, weckte unsere Lebensgeister und durfte zuschauen, wie wir unsere restlichen Brot- und Wurststückchen verzehrten.

Solche alternativen Tramp- und Naturerlebnisse waren immer ein Höhepunkt und versöhnender Abschluss einer oft monotonen Arbeitswoche. Und sie haben kein Geld gekostet.

An den Rhein

Für uns im Bergischen hat der Rhein etwas Magisches. Große, voll beladene Schiffe stemmen sich gegen den Strom oder treiben scheinbar mühelos und rasch talabwärts. Das eintönige Stampfen der schweren Dieselmotoren, die verschiedenen Nationalitätsflaggen am Heck der Frachtschiffe und das gewaltige, immerzu strömende Wasser fasziniert jeden, der nur die kleinen Bäche aus den Wäldern des Bergischen Landes kennt.

Hier riecht es anders als bei uns zu Hause, hier reden die Leute anders und viel schneller, hier wird eher gelacht und gestritten, kurz, es ist ein bisschen italienischer als im Bergischen – ich war zwar zu dem Zeitpunkt noch nicht in Italien gewesen, aber es gab ja immerhin etliche Gastarbeiter aus Italien bei uns.

Außerdem ist das Rheinland katholisch, was für einen Protestanten aus Wuppertal von Bedeutung ist. „Katholische sind anders", hatte mir unsere Mutter immer wieder zu verstehen gegeben und auf meine Fragen beteuert, dass sie alles weniger ernst nähmen, leichtlebiger, geschäftstüchtiger, ja sogar unmoralischer sein dürften, sie könnten ja alles sofort wieder beichten, während wir Evangelischen immer alles alleine in unserem Gewissen vor Gott bringen müssten. „Da kann dir auch kein Priester oder Papst helfen". Deshalb solle ich mich vorsehen, wenn ich es beispielsweise mit einem richtigen Kölner zu tun habe.

Solcherlei Warnungen weckten natürlich großes Interesse an dieser Spezies, eben weil ich bis dahin noch nie einen echten Rheinländer zu Gesicht bekommen, geschweige denn mich mit ihm unterhalten hatte.

Nach der gewöhnlichen Samstagvormittag-Arbeit zu Hause geht es los. Es ist der 1. Juli 1961, ein heißer Tag, ich bin 16 Jahre alt und im dritten Lehrjahr.

Um 16:00 Uhr treffe ich meinen Tramp-Freund an der Auffahrt der A1 in Wuppertal-Ronsdorf in Richtung Köln. Ausgestattet mit kurzer Lederhose, Fahrtenhemd, Wehrmachts-Rucksack mit US-Schlafsack darüber geschnallt, blauer Jungenschaftsjacke mit Kapuzenkragen, Jeans, Feldflasche, geschmierten Broten, Wurst, einer Straßenkarte und ein wenig Geld.

Über eine Stunde lang stehen wir in großer Hitze an der Auffahrt und versuchen, ein Auto anzuhalten, das uns in Richtung Rhein mitnehmen konnte, zumindest bis Köln. Wir wissen, dass es nicht so einfach sein wird, zu zweit zu trampen.

Dann nähern sich zwei Mopeds: zwei Jugendliche auf ihren Floretts, 80 Kubikzentimeter, Höchstgeschwindigkeit 80 Kilometer in der Stunde. Sie sind freundlich und laden uns ein, mit ihnen ein Stück bis zur Ausfahrt Schloss Burg zu fahren. Wir überreden sie, mit uns doch weiter zu fahren und gelangen etwas durchgerüttelt und ohne Helm – die beiden tragen ebenfalls keinen – nach Köln-Mülheim. Leider fahren von hier kaum Autos in Richtung Süden; denn die günstigere Auffahrt ist Köln-Dellbrück. Also latscten wir auf dem Standstreifen zur nächsten Auffahrt. Daumen raus und ein Auto hält langsam vor uns an – und was für eins: eine Mercedes 300 Limousine, wie Adenauer eine hat. Unglaublich! Wir sehen sofort: Hier wird jemand chauffiert. Der Chauffierte kurbelt das Fenster runter und fragt nach unserem Ziel: irgendwo an den Rhein. Er bietet uns an, bis nach Königswinter mitzufahren. Der Chauffeur mit Dienstmütze steigt aus, öffnet den gewaltigen Kofferraum, verstaut unsere Rücksäcke und bittet uns, im Fond einzusteigen. Dieses satte Geräusch zuschlagender Türen, dieses feine Polster der Rückbank – wir sitzen wie zwei Prinzen mit ganz viel Beinfreiheit. Die Beschleunigung ist enorm, und der Motor ist kaum zu hören. Der Chauffierte fragt freundlich nach unserem Woher und Wohin, aber wir verstehen ihn kaum. Diese merkwürdige Sprachmelodie, sein Singsang mit den hohen Tönen am Ende eines Satzes. Endlich fragt er in einwandfreiem Hochdeutsch: „Ihr seid wohl nicht von hier?" Wir erklären uns und spüren, dass wir es mit einem echten Kölner zu tun haben, einem von den Reichen, einem der uns in Gutsherrenart gestattet, in seiner Nähe Platz zu nehmen. Er fragt nach Alter, Konfession, Wohnort und was uns so ohne Weiteres, so ohne wirkliches Ziel durch die Gegend treiben lässt. Ist er vielleicht früher selbst so unterwegs gewesen, so jugendbewegt, so "Aus grauer Städte Mauern…" fliehend gewandert oder getrampt? Er erzählt nichts von sich, fragt unentwegt, den Kopf zu uns gewandt und schmunzelt bei jeder Antwort, die wir ihm schuldig zu sein scheinen.

Immer wieder überholt unsere schwere Limousine die anderen Autos und wir genießen die bewundernden Blicke der anderen aus ihren kleinen Blechkisten.

Es ist, als wären wir schon ewig in diesem 300er unterwegs, wir von zwei stattlichen Herren Chauffierte in kurzer Lederhose mit dem Fahrtenmesser an der Seite und ein paar Mark in der Tasche.

Hoffentlich dauert die Fahrt noch lange. Aber dann nimmt der Fahrer die Ausfahrt Königswinter und fährt in das Städtchen hinein. Der Chef steigt aus, öffnet uns die Türen, reicht uns unsere Rucksäcke und gibt jedem ein Fünfmarkstück: „Kauft euch wat Leckeres dafür, mahdet joot und vill Spass dobie“.

Minutenlang können wir nichts sagen; dann, als der Mercedes außer Sicht ist, fangen wir vor lauter Glück an zu schreien.

Weiter geht's ins Städtchen hinein, wir finden einen Imbiss, gönnen uns eine Wurst und eine Limo und fühlen uns wie Krösus. Ob man uns ansieht, dass wir gerade mit einem Mercedes 300 hierhergekommen sind?

Langsam wird es dämmerig, wir verstecken unsere Rücksäcke in einem Waldstück, das in dieser Nacht unsere Schlafstätte sein soll: dichtes Unterholz, von der Straße nicht einsehbar, mit Moos gepolstert.

Wir machen uns mit unserer Jeans stadtfein, gehen zurück ins Städtchen, bummeln durch die schmucken Gassen und setzen uns an den Rhein. Zwei Bergische Jungs in der großen weiten Welt! Wir fühlen uns großartig, der Enge und Bescheidenheit entflohen. Hier pulsiert das andere Leben, hier sind Touristen aus aller Welt: Japaner, Amerikaner, Holländer, Menschen mit fremder Sprache, fremdem Aussehen, Menschen, die wir in Ronsdorf noch nie gesehen haben. Wir durchstreifen verschiedene Tanzlokale und sehen dem fröhlichen Leben zu – wie ausgelassen und sündig, wie verführerisch und zügellos kommt es uns vor.

Gegen Mitternacht ebbt das Leben in der quirligen Stadt ab, und wir brechen zu unserem Schlafplatz auf. Auch der Rhein kommt endlich zur Ruhe, wir sehen keine Schiffe mehr, das Rheintal verstummt.

Wo sind unsere Rucksäcke, wo ist unser Schlafplatz? Wir tasten uns durch das Unterholz und suchen. Nach gut einer Stunde, von zahllosen Ästen verschrammt stolpern wir über sie.

Um halb vier weckt uns der Lärm der Güterzüge, die polternd durch das Rheintal fahren. Wir kriechen tiefer in unsere Schlafsäcke, bedecken unser Gesicht gegen die Angriffe aggressiver Mücken und schlafen weiter, bis das Vogelkonzert anhebt, das sicher nur rheinische Vögel mit solcher Lautstärke anstimmen können.

Eine sonnendurchflutete Lichtung wird dann unser Frühstücksplatz, keine Mücken mehr, Wurst und Brote, Wasser aus der Feldflasche, wir finden einen Bach, an dem wir uns flüchtig waschen, der Tag kann beginnen.

Gegen zehn Uhr stehen wir wieder an der Autobahn. Wir müssen nach Hause, ins Bergische, an die Arbeit.

6/ Worin wir uns von den Eltern unterscheiden wollten

Von den meisten meiner Freunde wollte keiner so werden wie die Eltern, das war klar. Das war oberste Maxime. Die Generation der Eltern hatte den Krieg verloren, hatte womöglich an Kriegsverbrechen teilgenommen, war wie auch immer in die Machenschaften der Nazis verstrickt gewesen und wollte jetzt alles ungeschehen machen und beschönigen? Nein, wir Jugendlichen mussten uns von ihnen distanzieren, mussten nachfragen, was sie denn so im Krieg gemacht hatten und warum sie nicht mehr Widerstand geleistet hatten. Zumindest bei uns zu Hause war es üblich, bei Geburtstagen und ähnlichen Zusammenkünften, von den Kriegs- und Fronterlebnissen zu erzählen, die meinen Vater und dessen Brüder nachhaltig geprägt hatten. Da das Anwesen meiner Großeltern in der Nacht auf den 30. Mai 1943 von zwei Bomben getroffen worden und abgebrannt war und in dieser Nacht in einem weiteren Haus zwei Familienangehörige bei dem Angriff ums Leben gekommen waren, konnten auch die Großeltern in die allgemeine Kriegserlebnis-Erzähltragödie mit einstimmen. Dass nach zwei Glas Wein auch so manche sogenannte Heldentat aufgetischt wurde, versteht sich von selbst.

Was mich als Jugendlichen stets unzufrieden und ratlos gemacht hat war, dass alle in meiner Familie so taten, als wäre der Krieg mit all seinen Schrecken unabänderlich gewesen und sie lediglich Opfer eines mysteriösen Schicksals geworden.

Nein, so einfach sollten sie mir nicht davonkommen! Ich habe nachgefragt, genervt, Peinliches herausbekommen und immer wieder die Frage nach ihrer Verantwortung und ihrem Mitmachen gestellt.

Aber da wurde stets ausgewichen und beschwichtigt. Es gebe jetzt Wichtigeres zu tun als immer nur zurückzuschauen. Zwei Häuser waren in unserer Familie zerstört worden und mussten wiederaufgebaut werden. Gute Arbeit musste gefunden und die Familie durch den Winter gebracht werden.

Ab Mitte der 50er Jahre lag Jahr für Jahr bei den meisten Familien mehr unter dem Weihnachtsbaum – es ging wieder aufwärts, und zwar gewaltig. Die Löhne stiegen, die Arbeitszeit sank, der Konsum innerhalb der Familien überlagerte für Jahre die Schrecken der Kriegsjahre. Buttercremetorte und Eierlikör kamen an Festtagen auf den Tisch, und man sparte fürs eigene Auto.

Und wir Jugendlichen machten mit, aber auf unsere Art. Während zu Hause Spitzendeckchen die niedlichen Nierentischchen verzierten, versorgten wir uns mit Nietenhosen und amerikanischer Musik und versagten den üblichen sonntäglichen Ausflug mit der Familie. Da meine Mutter gelernte Schneiderin war, ist ihr der Anblick einer Hose, die mit Nieten zusammengehalten wurde, stets ein Gräuel gewesen. Ebenso musste sie sich später mit den Petticoats meiner Schwester abfinden.Der Elterngeneration wurde plötzlich klar, dass hier eine Generation heranwuchs, die eine eigene Kultur hatte: Rock 'n' Roll statt Schlager, Lederjacke statt Sakko, Moped statt Fahrrad.

„Halbstarke" wurden die jungen Männer zwischen 14 und 19 Jahren von den Journalisten abschätzig genannt und so manchen „braven“ Bundesbürgern und Vätern waren sie mit ihren etwas längeren Haaren als ihrem eigenen militärisch anmutenden „Pisspotschnitt“ ein Dorn im Auge.

Kaugummi kauend oder mit einer Zigarette im Mund standen wir auf der Kirmes und hörten die neuesten Hits aus den USA, Songs, die man nicht oder nur ganz selten im öffentlich-rechtlichen Radio hören konnte. Bill Haleys „Rock around the clock“ hatte uns alle infiziert. „One, two, three o'clock, four o'lock, rock“ grölten wir mit, soweit wir ein bisschen Englisch verstanden. Bei einer Deutschlandtour von Bill Haley kam es zum ersten Mal zu Revolten Jugendlicher, bei der in einigen Städten wie Berlin, Hamburg, Essen und Stuttgart die Inneneinrichtungen der Konzertsäle zerstört wurden.

Wer zu Hause das Glück hatte, einen Plattenspieler zu haben und Rockmusik hören wollte, musste mit einigem familiären Widerstand rechnen.

Als ich einmal Elvis Presley hörte – vielleicht etwas zu laut für das Empfinden meines Vaters – kam er auf mein Zimmer gestürmt und schmiss kurzerhand mein geliebtes Radio aus dem Fenster. Er nannte die fremde Musik „Negermusik“. Sie sei amerikanisch und damit dekadent und die Musik jener Siegermacht, die ihn für drei Jahre zum Gefangenen gemacht hatte.

Aber der Protest der jungen Generation ließ sich nicht aufhalten. Während zu den sogenannten Halbstarken hauptsächlich Lehrlinge und junge Männer aus der Arbeiterschicht gehörten, ging es bei den Oberstufenschülern und Studenten zumeist anders zu. Ihre Idole waren die französischen Philosophen Jean-Paul Sartre und Albert Camus. Sie nannten sich Existentialisten, trugen schwarze Rollkragenpullover, rauchten ihre Zigaretten in dunklen Jazzkellern und diskutierten über das Leben an sich.

Jungsein machte Spaß, verunsicherte die Eltern und ließ neue, auf Jugendliche bezogene Konsumgüter entstehen. Mode und Frisuren wurden für Teenager immer wichtiger, der Duft von Haarspray und Haarcreme wie „Fit" erfüllte so manches Kinderzimmer. Dass zu Hause Kleidungskämpfe ausgetragen werden mussten, gehörte zum üblichen Wochenenddrama einer normalen Familie. Musik wurde von Jugendlichen für Jugendliche gemacht, junge Filmhelden wie James Dean eroberten die Kinos, und die lauten Mopeds mit ihren oft frisierten Motoren und einem wehenden Fuchsschwanz am Sitz waren der Schrecken des Biedermanns. Und wenn gleich eine ganze Horde solcher Jugendlicher mit ihren Bräuten auf dem Sozius in eine Kleinstadt einfiel, wurde nicht selten die Polizei gerufen.

Der Rock 'n' Roll wurde zum neuen Lebensgefühl. Es wurde nicht mehr in einstudierter Schrittfolge getanzt, kein Tanztee mehr in Sonntagskleidung, sondern wilde Hüftschwünge in Jeans und mit Petticoat waren angesagt. Wippende Pferdeschwänze statt braver Zöpfe bei den Mädchen, gestylte Elvis-Tollen und lässige Kippe im Mund bei den Jungs. Und wenn die Mädchen es wagten, in langen Hosen zur Schule zu gehen, hagelte es oft Verweise und Ärger mit den Lehrern.

Wir alle sehnten uns nach Vorbildern. Mahatma Gandhi, John F. Kennedy, Martin Luther King wurden es erst in den 60er Jahren. Aber bis dahin waren es die Helden aus der Film- und Musikszene. Unvergesslich für uns war beispielsweise der Film: „Denn sie wissen nicht, was sie tun“ von 1955, in dem James Dean sich bei einem privaten Autorennen heldenhaft als Letzter aus seinem Auto wirft, bevor es eine Klippe hinunterstürzt. Dabei rasen zwei Wagen nebeneinander her, und wer als erster Angst hat und herausspringt, hat verloren. Als heldenhaft und mutig anerkannt sein konnte man also auch, ohne Soldat zu sein! Dazu brauchte man lediglich ein eigenes Auto und die entsprechende Kulisse.

Auch nicht vergessen habe ich die Reaktionen meines Vaters, als wir uns im Herbst 1959 gemeinsam den Antikriegsfilm „Die Brücke“ von Bernhard Wicki anschauten. Darin werden sieben Schüler kurz vor Kriegsende nach kurzer Ausbildung abkommandiert, um eine unwichtige Brücke vor den anrückenden Amerikanern zu verteidigen. Schrecklicher Höhepunkt in diesem Film ist das sinnlose Sterben der Schüler-Soldaten. Schon bei den ersten Szenen mit den jungen Soldaten in deutscher Uniform wirkte mein Vater merklich nervös. Ich ahnte damals schon, dass er plötzlich wieder mit seiner Rolle als Soldat konfrontiert wurde und dass es ihm schwerfiel, solche Bilder auszuhalten. Auf meine Frage, wie er den Film empfunden habe, antwortete er nur: „Die Jungs sind selbst schuld an ihrem Tod, weil sie sich unsoldatisch verhalten haben“. Und ich fragte mich, wie man sich denn im Krieg anders und soldatisch verhalten könne und ob die vielen anderen gefallenen Männer sich auch nicht soldatisch verhalten haben. Mir wurde auf einmal klar, dass mein Vater immer noch nicht bereit war, die Sinnlosigkeit seiner eigenen Soldatenzeit einzusehen und dass die

Schmach, den Krieg verloren zu haben, ihn immer noch kränkte. Von da an fiel es mir schwer, bei den Familienfeiern seinen lebhaften, oft von Heldentaten verzierten Erzählungen aus dem Krieg zuzuhören.

Mein Misstrauen gegenüber ihm und seiner Generation wuchs von Jahr zu Jahr und viele, deren Väter aus dem Krieg traumatisiert zurückgekehrt waren, blieben jahrelang auf der verzweifelten Suche nach männlichen Vorbildern.

Der Gedanke, dass mein Vater, der anscheinend immer noch aus mir seinen Rekruten machen wollte, der totalen Gehorsam verlangte und mich schlug, wenn es nicht nach seinen Vorstellungen lief, kein gutes Vorbild sein konnte, war mir ebenfalls klar. Und so suchten wir damals unsere Zukunft in Cliquen, in altersgleichen Gruppen und machten verrückte Dinge: Wir saßen nicht auf Stühlen, sondern auf dem Boden, rauchten viel zu früh, hörten auf Partys unsere Musik, die meistens in englischer Sprache war und tanzten, wie es uns passte, gingen auf Fahrt und schliefen draußen, besuchten neugierig die Nachbarländer, die unsere Väter nur als Soldaten kennengelernt hatten und lernten mit großem Interesse Fremdsprachen.

Der Protest unserer Generation gegenüber allen Autoritäten, das aufmüpfige Verhalten von uns „Halbstarken“ gegenüber den Eltern, die Neugierde auf alles, was nicht deutsch war, ist sicher vor diesem Hintergrund zu erklären. Irgendwann, so fürchteten wir, würde es zwischen den Generationen krachen, irgendwann würde der Protest auf offener Bühne ausgetragen werden.

Schon im Juni 1962 kam es in München zu den sogenannten Schwabinger Krawallen. Weil eine Gruppe jugendlicher Straßenmusikanten am 21. Juni 1962 noch nach 22:30 Uhr spielte, riefen ein Stadtrat und Anwohner der Leopoldstraße nach einem erfolglosen Versuch, selbst für Ruhe zu sorgen, die Polizei. Bei dem Versuch der Polizei, die Gruppe aufzulösen und die fünf Musiker vorläufig festzunehmen, kam es zu Rangeleien mit Jugendlichen, und die Situation eskalierte. In der Nacht und an den folgenden vier Tagen kam es in der gesamten Umgebung der Ludwig-Maximilians-Universität zu Straßenschlachten zwischen bis zu 40.000 vor allem jugendlichen Protestteilnehmern und zum Teil berittenen Polizisten.

Auch die 1963 geplanten Notstandsgesetze, die wesentliche Einschränkungen der Grundrechte vorsahen, stießen auf eine außerparlamentarische Opposition. Von jetzt an gingen die Studierenden regelmäßig aus Protest auf die Straße und erkämpften sich eine bundesweite Studien- und Hochschulreform.

Und fassungslos schauten wir nach Vietnam, wo unsere doch einst so verehrten Amerikaner einen Krieg eingingen, der trotz modernster Waffensysteme mit Hubschraubern, Napalm und Entlaubungschemikalien nicht zu gewinnen war und immer brutaler wurde. Dieser Krieg mit seinen schrecklichen Bildern, die uns Tag für Tag ins Fernsehen übermittelt wurden, brachte wieder viele von uns auf die Straße. Und so weitete und verzweigte sich eine Protesthaltung bis in die 68er Bewegung, die ihren Ursprung zu einem Großteil in den aufmüpfigen und randalierenden Halbstarken der 50er Jahre mit ihren Mopeds hatte.

7/ Wie wir telefonierten

„Bitte kurz fassen“ oder „Fassen Sie sich kurz“ stand auf den kleinen gelben Telefonzellen, die mancherorts und für viele Bundesbürger das Tor zur großen Kommunikationswelt waren. Eng und meistens nach Zigarettenqualm stinkend, besudelt und vollgekritzelt mit unzähligen Telefonnummern, waren sie doch bei allen heiß begehrt, die sich keinen eigenen Telefonanschluss leisten konnten oder auf die Installation lange warten mussten. Mit ausreichend Kleingeld in der Tasche näherte man sich ihnen in der Hoffnung, dass nicht andere mit derselben Absicht drinnen telefonierten oder was noch schlimmer war – in einer Schlange davor warteten. Bei einem Ortsgespräch konnte das dauern, denn das kostete nur zwei Groschen. War es ein Ferngespräch, das man oft ohne Mühe auch außerhalb der Zelle verstehen konnte, weil es in den meisten Fällen lauter geführt wurde, hatte man Glück, denn das schluckte so manche Münze und war kürzer. Peinlich für alle konnte es werden, wenn die übliche Sprechzeit von fünf Minuten überschritten wurde und der laute Protest der draußen Wartenden sich auf das Gespräch der Telefonierenden übertrug. “Mach endlich Schluss!“, oder „Viele Grüße auch von mir!“, waren noch die harmloseren Kommentare. Schlimmer war es, wenn einer der vielleicht draußen im Regen Wartenden mit der Faust gegen die Glastür hämmerte oder die Tür aufriss und so seinen Unmut über das viel zu lange Gespräch äußerte, denn das wuchtige Hämmern gegen die Glastür hat sicher nicht nur auf den in der Zelle Telefonierenden Eindruck gemacht, sondern bestimmt auch auf sein Gegenüber am anderen Ende der Leitung. Vielleicht ist auch durch derlei Intervention so manche Beziehung in die Brüche gegangen oder zumindest beschädigt worden. Delikate, vertrauliche oder längere Gespräche waren damals in diesem kleinen, gelben Häuschen stets mit Risiko behaftet.

Und wenn man endlich an der Reihe war, konnte es passieren, dass einem die Groschen durchrutschten, der 50er auch nicht hängenblieb und man nach etlichen Versuchen aufgeben musste – das Telefonierabenteuer wurde vertagt.

Und doch konnten sich alle glücklich schätzen, die so eine Zelle in ihrer Nähe hatten. Jeder wusste, dass es nach 18:00 Uhr billiger war, dass es einen Sonntagstarif gab und den sogenannten Mondscheintarif. Das waren dann die Zeiten, in denen gerne Ferngespräche geführt wurden, und die die Leute anlockten, die aufs Geld schauen mussten.

Es ist heute kaum vorstellbar, welche Mühe es machte, jemanden eine Information zukommen zu lassen. Man konnte einen Brief oder eine Postkarte schreiben, in besonders dringenden Fällen ein Telegramm schicken oder telefonieren.

Wer hatte in den 50er Jahren schon ein eigenes Telefon? Denn da gab es ganz einfache, technische Probleme, weil jeder Teilnehmer eine eigene Leitung zu seinem Postamt, bzw. zu einer Vermittlungsstelle haben musste. Diese Leitungen waren knapp und mussten oft erst gelegt werden; und das konnte dauern, besonders in entlegenen Gebieten. Da konnten schon mal Jahre vergehen, bis es dem Monopolisten, der Deutschen Bundespost, gelang, eine Leitung zu einem Teilnehmer zu schalten.

Da ich selber ein paar Jahre zu dem staatlichen Konzern gehörte, der die hochbegehrten, schwarzen Telefonapparate bei den Teilnehmern installierte – damals wurden die Apparate nur von der Post an die Kunden verliehen – weiß ich von etlichen dramatischen Begegnungen mit Antragstellern zu berichten, die entweder hocherfreut über so einen Telefonanschluss waren oder uns Fernmeldehandwerkern tief enttäuscht ihre Türe wiesen, wenn sich herausstellte, dass es in naher Zukunft keine freie Leitung für sie geben würde.

Wir, die Herren von der Post, waren die, die gnädig Anschlüsse vergeben konnten, oder eben nicht – so muss es den Bürgern damals vorgekommen sein. Es gab ja keine Konkurrenz, die Post hatte ein Monopol auf das Telefonieren und begegnete ihren Kunden oftmals von oben herab.

Gerhard im Wählersaal, Oberbarmen

Dicke, mit mehreren Hundert Drähten bestückte Kabel mussten in Schächten verlegt werden, kleinere Kabel verzweigten sich zu den einzelnen Straßen oder Ortschaften, sodass jeder Telefonanschluss erreicht werden konnte. Dieses riesige, verdrahtete Netz wurde über die Vermittlungsstellen gesteuert, die es in jedem Stadtteil gab. Dort schalteten elektromagnetische Relais die Verbindungen, eine aufwendige störungsanfällige Technik, die von uns damals mit großem Aufwand gepflegt und instandgehalten werden musste. Dass dieses Telefonnetz nicht öfter zusammengebrochen ist, erscheint mir im Nachhinein wie ein Wunder.

Es gab Gegenden, in denen die Post nicht genug Telefonleitungen hatte. Um dem Mangel zu begegnen, erfanden die Techniker den sog. Doppelanschluss. Zwei Teilnehmer teilten sich also eine Leitung, wobei jeder eine eigene Nummer hatte. Das Problem aber war, dass immer nur einer telefonieren konnte und für den anderen die Leitung dann „tot" war. Dass es zwischen den beiden Telefonbesitzern vielleicht nicht immer friedlich zuging, versteht sich von selbst. „Hoffentlich hören die bald auf zu quatschen", hätte so ein Kommentar sein können. Trotzdem waren alle diejenigen zu beneiden, die sich solch ein Telefon in ihre Diele stellen konnten. Lange Zeit kostete ein einfacher Hauptanschluss 24 DM im Monat, und wer einen elfenbeinfarbenen Apparat haben wollte, zahlte 2,50 DM extra. Heute ist sicherlich kaum noch vorstellbar, dass Anfang der 60er Jahre lediglich 14 Prozent der Privathaushalte den so begehrten Telefonanschluss hatten, der das Tor zur kommunikativen Welt darstellte.

Zwei besondere Telefonate werde ich wohl nie vergessen. Mein erstes Telefonat musste ich mit 14 Jahren führen. Ich war 1959 im ersten Lehrjahr in der Lehrwerkstatt des Fernmeldeamtes Wuppertal, als mich mein Ausbilder ans Telefon rief. Der Ausbildungsleiter wolle mich sprechen, hieß es. Mit hochrotem Kopf nahm ich den Hörer entgegen. Natürlich wusste ich, wo sich das Mikrofon befand und wo der sogenannte Fernhörer war und wie das alles funktionierte. Mir war also klar, in welches Ende ich hineinsprechen musste und wo die ferne Stimme herauskam. Die Technik war mir mittlerweile vertraut, aber nicht die Art der Kommunikation. Mir fehlte das sichtbare Gegenüber. Musste ich jetzt etwas sagen oder sollte ich lieber warten, bis am anderen Ende der Leitung etwas gesagt wurde? Ich blieb also stumm, minutenlang, bis jemand sehr laut und energisch fragte: „Hallo, ist der Lehrling Haack immer noch nicht da?“ Mir wurde immer heißer, schließlich war mein Gegenüber der Chef. Aber was sollte ich jetzt sagen? „Doch“, sagte ich. „Wer ist doch?“, kam es jetzt noch lauter aus der Hörermuschel. „Ich bin das“, versuchte ich zu beschwichtigen. Aber jetzt polterte der Chef erst richtig los: „Kannst du dich gefälligst mit deinem Namen melden, oder willst du dir einen anderen Beruf suchen? Du willst doch Fernmeldetechniker werden, oder nicht?“

Mag sein, dass dieses erste, missglückte Telefongespräch mich nachhaltig beeindruckt hat, denn sechs Jahre später habe ich dem Post-Konzern den Rücken gekehrt und einen anderen Berufsweg eingeschlagen.

Bei uns zu Hause in Ronsdorf gab es erst Mitte der 60er Jahre den so begehrten Telefonanschluss. Zum Glück hatte der Nachbar schon lange davor ein

Telefon, da er es für seinen Werkzeughandel brauchte. So konnten wir viele Jahre lang in ganz dringenden Fällen benachrichtigt werden.

Das zweite besondere Telefonat ist mir nicht weniger in Erinnerung. Ich hatte mich während meines Freiwilligen Sozialen Jahres in den USA 1965 unsterblich in ein Mädchen verliebt, das in der Nähe von Chicago wohnte. Als ich Ende Januar 1966 wieder nach Hause musste, blieb uns nur das Schreiben heißer Liebesbriefe. Und das geschah zweimal in der Woche. Da blieb es nicht aus, dass sich die Briefe trotz „AIR Mail" überkreuzten und die Liebesbotschaften zu Missverständnissen führten. So entstand beiderseitig der Wunsch nach gleichzeitiger Kommunikation, also einem Telefongespräch über das berühmte Überseekabel, das den alten Kontinent mit der Neuen Welt verband. Wir waren fürchterlich aufgeregt. Seit sieben Monaten waren ungezählte Briefe hin und her gegangen, vor sieben Monaten hatten wir uns das letzte Mal gesehen. Meine Freundin hatte das Gespräch lange vorher angemeldet, mich im Brief informiert und die Uhrzeit mit vier Uhr in der Frühe angegeben. Für sie wäre das dann neun Uhr abends, eine gute Zeit für ein Gespräch mit dem Liebsten. Am 17. Juli 1966 hatte ich mir den Wecker auf drei Uhr morgens gestellt, was aber nicht nötig war, denn schlafen konnte ich sowieso nicht. Ich saß also im Sessel im Wohnzimmer meiner Eltern neben dem Telefon und wartete. Mehrmals prüfte ich, ob das Gerät auch in Ordnung war, schließlich war ich darin ja Experte. Die Zeit schlich dahin, der Morgen dämmerte, es wurde fünf Uhr, es wurde sechs Uhr – das Telefon blieb still. Endlich, um Punkt sieben Uhr klingelte es, und ein amerikanischer Operator meldete sich mit der Frage, ob er verbinden dürfe.

Dann endlich ihre Stimme, leise und schüchtern, fremd und fern, sodass ich fast wünschte, wir hätten das Gespräch nie gewollt. Ihr Englisch kam mir auf einmal so anders vor, ihre Wortwahl so umständlich, ihre Fragen so banal. Ich mühte mich redlich, sachlich zu bleiben, meinen kleinen Zettel abzuarbeiten, den ich in meiner zittrigen Hand hielt. Die Frage nach gegenseitiger Liebe, oder nach dem Befinden des anderen, die in den Briefen stets eine große Rolle gespielt hatte, traute sich keiner von uns anzusprechen. Ob diese Technik für so intime Dinge nicht geeignet war, ob jemand mithören und uns womöglich unterbrechen würde, wenn wir auf solche persönlichen Dinge zu sprechen kämen?

Nach genau acht Minuten meinte sie, sie müsse jetzt Schluss machen, das Gespräch werde sonst zu teuer: 25 Dollar, wie ich später erfuhr.

Alles in allem war dieses Telefonat eine riesengroße Enttäuschung: eine schlaflose Nacht, eine verfremdete Stimme, belanglose Informationen. Keine Zeit für schöne Bilder im Kopf, keine Möglichkeit, das Gehörte nachzuhören. Nichts Persönliches, kein Wort darüber, dass sie mich liebt. Auf einmal hasste ich diesen kleinen, schwarzen, stummen Telefonapparat, der uns jetzt so abrupt getrennt hatte.

Es war genau 7:10 Uhr, als ich zum Füller griff und ihr einen langen, sehr langen, gefühlvollen Liebesbrief schrieb.

8/ Wie man sich bei Krankheit und Tod verhielt

Natürlich ist eine Schwangerschaft keine Krankheit; im Gegenteil, es ist zumeist das Schönste, was passieren kann. Aber kann man sich vorstellen, dass die Bäuerinnen unserer Region in den 50er Jahren kein einziges Mal zur Vorsorgeuntersuchung gingen? Dass wir sechs- und siebenjährigen Töchter der Familie Kotthaus nichts von der Schwangerschaft unserer Mutter mitbekommen haben? Ein Geheimnis bis zur Entbindung, vielleicht auch weil man befürchtete, es könnte in den langen Monaten bis dahin „noch etwas passieren." Für die Alten ist es befremdlich, dass heute eine Schwangerschaft so früh öffentlich gemacht wird, dass man schon sieben Monate vorher erfährt, wann nun der Prinz in der Königsfamilie geboren wird.

Heutzutage ist der Tod oft ein Tabu und das Sterben nur selten ein Abschiednehmen im Familienkreis. Die Angst vor dem Ende lässt uns auch hier zum Spezialisten rufen. Die Fachleute vom Beerdigungsinstitut tragen unsere Toten schnell aus dem Haus in die Kältekammer, und wir fühlen uns befreit.

Meine Großeltern väterlicherseits starben wenige Monate vor meiner Geburt. Als mein Vater 1951 seinen alten, schwerkranken Vater aus dem Krankenhaus abholen wollte, kam er allein von der Bushaltestelle zurück. Meine Mutter sah ihn kommen, mit einem Paar zusammengeknoteter Schuhe über der Schulter. Mein Opa war in der Nacht unerwartet verstorben, und mein Vater hatte seine guten Lederschuhe mit nach Hause genommen.

Wenn ich an den Tod meiner Großeltern mütterlicherseits zurückdenke – ich war sieben Jahre alt – dann kommt mir sofort der Duft von Nelken in die Nase. In einem frischen, gut gestärkten, weißen Nachthemd lag meine Oma mit gefalteten Händen im Bett – tot. Sie war in ihrem Haus im Schlafzimmer aufgebahrt, umringt von Blumensträußen, viele Nelken aus dem Garten, ein Sträußchen von weißen Nelken in den gefalteten Händen. Ein weißes, unbewegtes, zartes Gesicht. Die Augen der Erwachsenen rot und verweint. An der Haustüre hing ein schwarzer „Flor", eine schwarze Schleife – so erfuhren alle Nachbarn in Spieckern, dass hier jemand gestorben war. In der Todesstunde wurde die Uhr angehalten. Die Verstorbene wurde mehrere Tage lang aufgebahrt, sodass jeder Abschied nehmen konnte.

Für die Beerdigungsfeier hatte meine Tante große Portionen Fleischsuppe gekocht, die Erwachsenen aßen im Wohnzimmer, wir Kinder in der Küche. Auch wir waren lange Zeit sehr ernst und still gewesen, erlebten wir doch die Erwachsenen in einer für uns fremden Stimmung. Dann, während des Essens, fing einer von uns an zu lachen und dieses befreiende Lachen setzte sich am Kindertisch fort. In der Suppe schwammen jede Menge Stubenfliegen herum. Das war der Anlass für unsere ungebremste Erheiterung.

Hannelore Schmalenbeck

Den drei kleinen Kindern passierte das Schlimmste, was kleinen Kindern passieren kann. Ihre Mutter starb. Die Zwillinge waren erst neun Wochen alt, Hannelore gerade fünf Jahre alt geworden. Sie spielte mit kleinen Kochtöpfen und Schöpflöffeln in der Küche, als der Nachbar ins Haus eintrat: „Herr Wenzel, ihre Frau ist tot!"

Großes Entsetzen und Fassungslosigkeit bei den Erwachsenen. Keiner wollte es der Fünfjährigen erklären, und das kleine Mädchen hat es auch später nie richtig erfahren: „Woran ist die Mutter gestorben?" Wochenlang hieß es nur: „Sie ist weg – sie ist im Krankenhaus – sie kommt bald wieder". Dann: „Sie ist im Himmel."

Die Mutter, von der sie gewusst hatte, dass sie ihr Mädchen so lieb hatte. Die Mutter, die ihr Kleidchen und Handschuhe gestrickt hatte. Die Mutter, die ihren Zwillingsjungen liebkost hatte mit „kleiner Spatz" und ihr Zwillingsmädchen mit „kleine Wühlmaus".

Bei der Beerdigung trugen alle Tiefschwarz, sechs Wochen lang liefen die Verwandten in Trauerkleidung umher. Die engsten Angehörigen der Familie behielten ein ganzes Jahr lang die schwarze Kleidung bei und veränderten nur allmählich diesen dunklen Ton.

In der Fotoschachtel gab es ein Foto. Es zeigte den verstorbenen Vater von Oma Else. Er lag im Sarg aufgebahrt, zu Hause im Schlafzimmer. Dieses Foto haben auch die Kinder später sooft angeschaut, dass es sie nicht ängstigte.

Aber im Jahr 1956 hatten sie ihre Mutter verloren. Der Vater der kleinen Kinder lebte zum Glück nicht allein im Haus. Seine Eltern sowie seine Schwester Edith, selbst im Witwenstand, lebten im gleichen Haus und standen ihm bei. Zu neunt lebten sie in der Großfamilie, denn es gab auch noch zwei größere Kinder von Edith.

Sie halfen sich gegenseitig, und meist kochte Oma Else für alle. Diese hatte selbst viele Geschwister. Alle hielten zusammen, und so bestimmte sie: „Die drei Kleinen, Hannelore und die Zwillinge, werden nicht getrennt. Die versorgen wir hier auf Holthausen in unserem Haus." Und so kamen zwei von ihren Schwestern, die beim Kinderhüten helfen wollten, ins Haus: „Us Kleng" und „us Dicke". Besonders fromm waren sie in der Großfamilie nicht, aber einander in der Not beizustehen war selbstverständlich. Wenn dann Oma Else ihre jüngste Schwester, die gewöhnlich bis zwei Uhr bei den Kindern geholfen hatte, fragte: „Kömm'se mo-en wi-er?" (Kommst du morgen wieder), antwortete diese: „So der Herr will!"

Und die kleine Hannelore, die dabeistand, wunderte sich: „Welcher ‚Herr' gibt denn da seine Zustimmung oder nicht? Der Mann der Großtante erschien doch auch so oft und half selbst so bereitwillig! Würde er sich das einmal anders überlegen?"

Einige der älteren Verwandten kamen und stopften Strümpfe, flickten Hosen, halfen bei der Gartenarbeit. Eine Viertelstunde Fußweg war es bis zu den anderen Großeltern. Manchmal verbrachte Hannelore einige Tage bei den Beiden. Nachdem der Opa Hugo gestorben war, unternahm Oma Erna auch Reisen mit ihr bis nach Österreich.

Wie war es, wenn eines der Kinder krank wurde? Das Schlafzimmer für den jungen Vater und die Kinder befand sich in der oberen Etage. Wenn aber ein Kind an Masern, Mumps oder Keuchhusten erkrankte, durfte es sich auf das Sofa in der Wohnstube unten hinlegen. „Dann wurde Bettruhe verordnet, und man ließ sich Zeit zum Gesundwerden“, erinnert sich Hannelore. „Es war schön, krank zu sein. Man lag da und hatte einfach nur Zeit. Die aus der Familie waren in der Küche oder in der Stube beschäftigt und ließen einen in Ruhe. Jeder verhielt sich etwas leiser als sonst. Nachts schlief man natürlich oben im richtigen Bett.“ Alle vier Wochen ging der Hausarzt mit seiner dicken Tasche bei den Alten in Ronsdorf von Haus zu Haus. Dann kam er auch zu Familie Wenzel und schaute nach Oma Else, denn die hatte oft Gallenkoliken. Der Doktor untersuchte, verschrieb Medizin und behandelte auch die Kinder, wenn er gerufen wurde. Anrufen musste man bei Nachbarn, denn Wenzels selbst hatten, wie die meisten „Holthauser“ damals, kein Telefon. Aber vieles bekam die erfahrene Oma Else selbst in den Griff, und Tante Edith wusste auch oft zu helfen. Stürzte jemand aufs Knie, gab es Arnika und ein Pflaster. Gejammert und geklagt hat keiner. Aconid und Belladonna, Tee und Schonkost, Wärmflasche und immer wieder Bettruhe. Bei Ohrenentzündung gab es heißes Öl auf Watte hinter's Ohr. Nur selten wurde der Hausarzt gerufen. Der Großvater, war sowieso nicht krank! „Der ist sogar 94 Jahre alt geworden“, weiß Hannelore. Als rüstiger Rentner übernahm er jahrelang bei Nachbarn die Gartenarbeit, so auch das Heckeschneiden bei drei älteren Schwestern, die zusammenwohnten. „Die hant genau 365 Krankhieten im Joor, un mo-ens un owens noch en anger dobie!“ (Die haben genau 365 Krankheiten im Jahr, und morgens und abends noch eine andere dazu!) Regelmäßig und mit Kopfschütteln kam er mit dieser Botschaft zu seiner Familie zurück.

Ihren Opa hat Hannelore nie mit irgendwelchen „Wehwehchen“ gesehen, aber ihre Tante Edith war im Alter von vier Jahren schwer erkrankt; so schwer, dass sie das Gehör verlor. Mumps und eine eitrige Mittelohrentzündung waren die Ursache. Der Großvater, der als Waldarbeiter bei der LVA (Landesversicherungsanstalt) arbeitete, setzte durch, dass sie die Gebärdensprache und das „Lippenablesen“ lernte. Sie war noch jung und konnte gut lernen, so gut, dass sie in eine „normale“ Volksschule eingeschult wurde und acht Jahre lang mit den hörenden Kindern zusammen in der Schulbank saß. Hannelore lernte früh die Fingersprache und auch das überdeutliche langsame Flüstersprechen, um Notwendiges mit der Tante auszutauschen. Vielleicht fragte sie ihre Tante: „Was kann ich machen, ich habe solche Bauchschmerzen?“ Aber nie hätte sie damals gedacht, dass sie einmal so viele „Mediziner“ in der engsten Familie haben würde: Alle drei Töchter sind Ärztinnen geworden, die Älteste aufgrund dieser Familiengeschichte sogar Fachärztin für Sprach-, Stimm- und kindliche Hörstörungen.

Die kleine Hannelore mit ihrer Mutter

9/ Wie uns das Auto verändert hat

Während man sich in den 50er Jahren glücklich schätzen konnte, ein Motorrad zu besitzen, wurde zehn Jahre später der Wunsch nach einem vor Wind und Wetter schützenden Fahrzeug immer dringlicher. Ein Auto musste her, egal wie klein, egal wie langsam, Hauptsache man war unabhängig von den Launen des bergischen Wetters. Und das Angebot an vierrädrigen Fortbewegungsmitteln wurde immer größer. Die Produktion nach dem Krieg war jedoch sehr bescheiden und der Start schwierig. Benzin war Mangelware, Holzvergaser mit ihren riesigen aufmontierten Kesseln konnten nur beschränkt Abhilfe schaffen. Sie waren zwar ökologisch betrachtet eine Alternative zum herkömmlichen Antriebsstoff Benzin, arbeiteten aber nicht zuverlässig und ihre Befeuerung war recht umständlich. Oft fehlten Konstruktionszeichnungen der Vorkriegsmodelle oder das nötige Material um loszulegen. Die Fordwerke in Köln hatten den Krieg einigermaßen überstanden, sodass schon bald ein Dreitonner-LKW „Typ Ruhr" gebaut werden konnte. 1948 verließen die ersten PKW das Werk, die nach ihrem buckligen Aussehen Katzenbuckel-Ford genannt wurden.

Und dann kam der VW-Käfer mit seinem leicht heulenden Geräusch und der Brezelscheibe im Heck – ein Erfolgsmodell, das die Straßen in Westdeutschland mehr und mehr belebte. Ich erinnere mich gerne an meinen ersten eigenen Käfer, den ich 1964 vollgetankt und TÜV-frei für 900,-DM erwerben konnte. Mit seinem Baujahr 1953 und einem Stand von 88.617 Kilometern auf der Uhr war er damals schon etwas altersschwach, trotzdem musste ich knapp drei Monatslöhne dafür hinlegen. Es war ein Standardmodell mit 24 PS, das Getriebe war nicht synchronisiert, man musste also beim Schalten immer Zwischengas geben, was erst mühsam zu lernen war. Die Zeiger, die normalerweise an der B-Säule ausklappten, um eine Änderung der Fahrtrichtung anzuzeigen, waren bei meinem Käfer bereits durch Blinker ersetzt worden. Dafür hatte er aber noch eine Rolle als Gaspedal und wenn man den Benzinstand messen wollte, musste man einen Messstab in den Tank stecken. Zur Sicherheit gab es im Fußraum einen umlegbaren Bügel, der die Benzinreserve einschaltete. Wehe aber, wenn man nach dem Tanken vergaß, ihn wieder in die Ausgangsposition zu drehen!

Gerhard Haack mit seinem ersten VW

Mit dem Käfer, diesem so geliebten, zuverlässigen Auto mit seinem Heckmotor und Heckantrieb und den großen Reifen kam man gut durch den Schnee, auch wenn die Heizung manche Wünsche offenließ. Bereits 1948 stand das begehrte Nachkriegsauto als

Standardversion auf der Exportmesse in Hannover und wurde beworben mit den Worten: "Mit einem Anschaffungspreis von 5.300 DM ab Werk für den 5-fach bereiften Wagen beansprucht er die knappen Geldbestände am wenigsten".

Neben dem Erfolgsmodell von VW waren in den 50er Jahren noch etliche andere Modelle am Start: Es gab zum Beispiel den Opel-Olympia mit viel Chrom an der Front, mit Lenkradschaltung und nur drei Gängen, den Mercedes 170, der so aussah wie vor dem Krieg und der mit dem Stern auf dem Kühler warb: "Ihr guter Stern auf allen Straßen". Nicht zu übersehen waren auch die preiswerten Exoten auf West-Deutschlands Straßen: der Messerschmitt Kabinenroller, der einer rollenden Flugzeugkanzel glich, der kuriose Zündapp Janus mit Front- und Heckeinstieg, in dem man Rücken an Rücken saß oder der mit einem Anschaffungspreis von 3.334 DM günstige Lloyd mit nur 300 Kubikzentimetern und zehn PS. Als Karosserie diente zunächst ein Holzrahmen, der mit Kunstleder überzogen war und den Spitznamen „Leukoplastbomber" zur Folge hatte. Ab 1953 ersetzte man Sperrholz und Kunstleder durch Stahlblech. Trotzdem blieb an diesem wirtschaftlichen und für die anderen Autos zur Konkurrenz gewordenen Fahrzeug der Spruch haften: „Wer den Tod nicht scheut, fährt Lloyd" oder: „Wer steht am Berg und heult? – ein Lloyd"

Andere besondere Automobile waren das Tempo-Dreirad, der Lloyd LT 500 als Vorläufer der Großraumlimousine, der VW-Bus T1 mit 25 PS, der Zweitakter DKW von der Auto Union mit seinem typischen Klang und den blauen, nach Öl stinkenden Abgaswolken aus dem Auspuff, die chice Isabella von Borgward, die winzige Isetta von BMW und der riesige BMW 501 mit acht Zylindern sowie der Kleinwagen Goggomobil, der Minimalist, was die Ausstattung betraf.

Schon fast modern muteten dagegen die Wagen der späten 50er Jahre an: Ford 12M, Taunus 17M, als „Badewanne" bezeichnet, Ford Capri, das Sehnsuchtsauto junger Männer.

1962 wurde die Zahl der in Westdeutschland zugelassenen PKW mit 5,9 Millionen angegeben – eine wenige Jahre davor noch unvorstellbar große Zahl. Aber das war ja erst der Anfang der Erfolgsgeschichte von Automobilen mit Verbrennungsmotor, die sich bis heute fortgesetzt hat, aber vielleicht bald ihr Ende finden wird.

Es war 1969, meine Schwester Annegret war 17 und ich 18 Jahre alt. Wir saßen am Küchentisch und schauten gebannt und voller Erwartung aus dem Küchenfenster auf die Straße. Wann würde er denn endlich kommen? Von oben erwarteten wir ihn, aber er kam immer noch nicht. Eine Stunde lang hatten wir schon Ausschau gehalten, aber der Käfer kam immer noch nicht. Nur drei Autos hatten wir bisher gesehen, keins, das zu uns in den Hof fuhr. Ich hatte als erste in der Familie Kotthaus den Auto-Führerschein Klasse 3 gemacht, und an dem Tag sollte der gebrauchte Käfer, den mein Vater gekauft hatte, angefahren kommen.

Heute ist die Luhnsfelderhöhe zwar immer noch eine schmale Straße, aber in beiden Richtungen stark befahren, seit Jahrzehnten sogar mit Busverkehr. Selbst ich kann kaum glauben, dass Ende der

60er Jahre so wenige Autos bei uns am Haus vorbeifuhren. Und unser Käfer kam erst einen Tag später.

Mein Vater hatte einen Führerschein für den Traktor und konnte Heuwagen und Mistwagen geschickt rangieren. Meine Mutter besaß keinen Führerschein und gab mir vor Eintritt in die Fahrschule ihre Bedenken mit auf den Weg. Egal, ob Autofahrer oder Traktorfahrer, ein Fahrzeugführer hatte große Verantwortung für Mitfahrende. Alle Beteiligten im Straßenverkehr mussten stets im Blick gehalten werden. Keiner sollte zu Schaden kommen. Meine Mutter hatte großen Respekt vor Fahrzeugen und deren Fahrern. Mit Schaudern erinnerte sie sich an den Unglücksfall auf dem Bauernhof in der Familie ihrer Schwester. Hatte doch ihr Schwager beim Arbeiten auf dem Feld sein eigenes Kind mit dem Traktor totgefahren.

Hans Walter Schmidt

Hans Walter wurde kurz vor Kriegsausbruch 1939 geboren. Sein Vater Hans Schmidt hat ihn nur einmal im Kinderwagen spazieren gefahren. Nicht, weil es bei der damaligen Rollenverteilung als unschicklich für Männer galt, sondern weil er in den ersten Kriegsjahren für seinen Arbeitgeber, Firma Cebor, im Zweigwerk im Elsass arbeitete. Als der kleine Sohn zum ersten Mal ausgefahren wurde, geschah das in einem Kinderwagen, den seine Mutter gebraucht übernommen hatte. Mit vier Jahren bekam der Junge einen Holzroller. Mit sechs Jahren wurde er eingeschult und ging an sechs Tagen in der Woche den langen Weg zur Volksschule wie alle anderen selbstverständlich zu Fuß. Die nahegelegene Volksschule Holthauser Straße war im Krieg ganz zerstört worden, andere Schulgebäude teilweise. So besuchte er nacheinander drei verschiedene weit entfernte Schulen in Ronsdorf.

Er erinnert sich noch gut an die erste Fahrt mit der Straßenbahn. Die Linie 20 fuhr ab „Markt" über „Stadtbahnhof" nach Barmen. Die Fahrt kostete 40 Pfennig für Erwachsene, 20 Pfennig für Kinder. Den Fahrschein bezahlte man bei Antritt der Fahrt direkt beim Schaffner. Zum Ronsdorfer Bahnhof war es eine weite Strecke, von den Holthauser Höhen abwärts bis zum Markt, von dort aus die Lüttringhauser Straße bergauf, dann die Nibelungenstraße bis zum kleinen Bahnhof, etwa 45 Minuten zu Fuß. Es musste schon ein wichtiges Anliegen sein, wenn sich eine Familie auf diesen langen Weg machte.

Mit dem Bollerwagen ging es im Sommer nach Schulbesuch und Mittagessen oft in den nahegelegenen Wald. Die Familie besaß eine eigene Parzelle. Hier wurde Brennholz gesammelt: kleine und große Stücke, immer Totholz. Es wurde Vorsorge für den Winter getroffen, denn für die beiden Herde im Haus, die gleichermaßen zum Heizen wie zum Kochen eingesetzt wurden, benötigte man viel Brennholz. Waren Erwachsene und Kinder zum Holzsammeln im Wald, ächzte der volle Bollerwagen unter der Last, und es war leichter, wenn alle halfen, den Wagen zu ziehen und zu schieben.

In seiner Jugend verbrachte Hans Walter viel Zeit auf dem benachbarten Bauernhof Schwerter. Er lernte noch das Fahren mit Pferd und Wagen kennen. „Meine Zuneigung gehörte den beiden Pferden. An vielen Fahrten mit dem Fuhrwerk und auch mit dem Pferdeschlitten nahm ich teil“, erinnert er sich. Sie fuhren nicht zum Vergnügen durch die Gegend. Es ging für die Bauern um Dienste zur „Müllbeseitigung“. In jedem Ort war die Abfallentsorgung mit kurzen Wegen geregelt. Jeder Bauer hatte einen bestimmten Kundenkreis. Und so fuhren August und Willi Schwerter mit Pferd und Wagen Privathaushalte und auch Bäckereien an, um Abfall abzuholen, im Winter mit dem Pferdeschlitten. Gemüseabfall und Kartoffelschalen, trockenes Brot und mehr holten sie, zur Verfütterung an das Vieh. Und Hans Walter half oft, die vollen, schweren Eimer und Behälter auf den Wagen zu heben oder abzuladen. Ein bisschen erhaben fühlte er sich schon, hoch oben auf dem Kutschbock. Das war besser, als zu Hause mit gebeugtem Rücken den Kaninchenmist aus den Käfigen zu schaben. Fuhren sie jedoch von Elberfeld aus mit schwer beladenem Wagen die lange, steile Straße nach Ronsdorf hoch, mussten die Kutscher absteigen und neben dem Wagen hergehen. Das wäre sonst für die Pferde nicht zu schaffen gewesen.

Anfang der 50 er Jahre erhielt Bauer Schwerter einen „11er Deutz“ (1-Zylinder-Motor mit elf PS). Nach heutigem Verständnis erscheinen elf PS recht wenig, aber für die kleinen Parzellen im Bergischen war das völlig ausreichend.

Hans Walter war fasziniert von diesem technischen Fortschritt in der Landwirtschaft, den er aus nächster Nähe miterleben konnte. In seiner freien Zeit saß er oft zum eigenen Vergnügen und zur Begleitung des Jungbauern stundenlang auf dem Beifahrersitz. Akribisch beobachtete er, wie der Traktor zu bedienen war. „Nach anfänglichen Stopp- and Go-Fahrten auf dem Feld, zum Beispiel bei der Zaunreparatur, beherrschte ich im Alter von 13 Jahren den Traktor so gut, dass ich komplette Felder allein umpflügen konnte“, so erinnert Hans Walter sich ganz genau. Für den etwa zehn Jahre älteren Jungbauern war es eine gute Gelegenheit, den Mittagsschlaf nachzuholen, während Hans Walter auf dem Feld umsichtig den Traktor fuhr, wie ein Erwachsener.

Der Bauernsohn besaß ein Motorrad und wies den Nachbarjungen sehr früh in die Geheimnisse der Fahrtechnik ein. So konnte Hans Walter schon im zarten Alter von 14 Jahren auf dem Feld seine ersten Motorradrunden drehen. Die Motorradleidenschaft hielt ein Leben lang an und übertrug sich auch auf weitere Generationen.

Von seinem im Krieg verstorbenen Vater hatte Hans Walter ein NSU-Fahrrad übernommen, sehr schwer und ohne Gangschaltung. Nach dem Besuch der achtjährigen Volksschule hatte er, wie viele seiner

Klassenkameraden, eine Lehre als Werkzeugmacher begonnen. Mit dem schweren Fahrrad fuhr er in der Früh etwa 40 Minuten bis zur Firma Peiseler in der Haddenbach. Das erforderte diszipliniertes Frühaufstehen und viel Kraft, um beständig in die Pedale zu treten. Auch zur Gemeinschafts-Lehrwerkstatt Sieper Höhe fuhr er selbständig mit dem Fahrrad. An ein Auto war nicht zu denken. Nur im Winter gönnte er sich den Luxus, mit der Straßenbahn zu fahren. Aber bei jeder Mark, die er für Fahrgeld ausgab, dachte er an seinen großen Traum. Er wollte doch für ein eigenes richtiges Motorrad sparen!

Kurztrip nach Holland

Zwei Jahre lang fuhr er mit dem Fahrrad zur Lehre, dann konnte er mit 16 Jahren ein gebrauchtes Moped erwerben, 1,6 PS, 50 ccm. „Fahrten Richtung Velbert nach Nierenhof waren schon gewaltige Touren“, registriert Hans Walter heute. Dann, mit 18, wurde mit einer 500er BMW R50, Baujahr 1955 mit 26 PS endlich sein Traum vom eigenen schweren Motorrad wahr. Anfangs sah man ihn mit Lederkappe fahren, später mit einem Motorradhelm aus Ronsdorfer Fabrikation. Zunächst trug er normale Kleidung auf dem Motorrad, erst viel später teure Lederkluft. Jetzt startete er richtig durch. „Da war man der König auf den Straßen“, erinnert sich Hans Walter, und jeder spürt heute noch seine Begeisterung.

Sein Onkel Friedel, der Vater von Hannelore, erwarb im Jahr 1958 einen Fiat 600 mit Faltschiebedach und fuhr damit täglich den etwa drei Kilometer langen Weg zur Ronsdorfer Firma. Nicht viele Autos fuhren auf der Straße, da brauchte es für Fußgänger keinen schützenden Bürgersteig.

Mit 17 Jahren machte Hans Walter bereits den Führerschein Klassen 1 und 3 für Motorrad und Auto. Er benötigte nur drei Fahrstunden mit dem Auto, eine halbe mit dem Motorrad. Der Führerschein kostete damals 165,- DM. Pünktlich zu seinem 18. Geburtstag konnte er ihn in Empfang nehmen. Er berichtet: „Nach dem ersten Mobilitäts-Schub ab etwa 1950, vorwiegend mit Zweirädern, begann Ende der 50er Jahre/Anfang der 60er Jahre in Deutschland der Aufstieg der Automobile. Als Schulkind in den frühen 50er Jahren sah ich kaum ein Auto auf der Straße. Aber jetzt rollten riesige Kolonnen von Autos gen Süden.“

So zog es auch Hans Walter mit seiner Verlobten Irene, seiner Mutter und seiner Schwester nach „Bella Italia“. Über den St. Gotthard. Von seinem Onkel hatte er billig den vier Jahre alten Fiat 600 (18 PS) übernommen. Mit vier Personen, einem kleinen Zelt samt Zubehör, vier Luftmatratzen und dem Nötigsten an Kleidung und Proviant war der Kleinwagen hoffnungslos überladen. Aber der Fiat hielt tapfer durch. Im zweiten Gang bei Tempo 40 ging es die Alpenpässe hoch. Nach zwei Tagen erreichte die Fahrgesellschaft endlich ihr Wunschziel: den „Lago di Como“. Seine Mutter hat die ungewohnte aufregende Fahrt genossen. Ihre Tochter Edith stellt bewundernd fest: „Die hatte vor nichts Angst! Die war immer gut drauf!“ Neben Spaghetti, Tortellini und Parmesan kamen die Vier auch erstmals mit Schaumwein in Kontakt: „Asti Spumante“. Eine solche Flasche wurde für viele Lire, umgerechnet 1,10 DM als Andenken eingekauft. Zwischen Schlafsäcken und Luftmatratzen hinter den Rücksitzen wähnten sie sie gut gesichert. „Während der Heimfahrt, schon auf der Autobahn, gab es plötzlich einen explosionsartigen Knall. Ich befürchtete zunächst einen kapitalen Motorschaden, aber der Kleinwagen schnurrte munter weiter“, erinnert sich Hans Walter ganz genau. Als die Urlauber bei nächster Gelegenheit anhielten, verbreitete sich ein eigenartiger, nicht ganz unbekannter Geruch im Auto. Der kam von hinten aus dem kleinen Kofferraum. „Durch zunehmende Hitze und die Erschütterung während der Fahrt war der Asti so unter Druck geraten, dass der Korken mit lautem Knall aus der Flasche geschossen war“, erklärt Hans Walter schmunzelnd. Um weiteren Explosionen vorzubeugen, haben dann alle, außer dem Fahrer, die Restmenge an Ort und Stelle vertilgt. So konnte man auch die Rückfahrt frohgestimmt fortsetzen. Als Mitbringsel für die Lieben zu Hause musste jetzt die leere Hülle des ausländischen Schaumweins reichen.

Zelten in den Alpen

10/ Wie wenig wir zum Leben brauchten und wie wenig Müll entstand

In meinen Kindertagen zu Beginn der 50er Jahre hatten wir keinen Mülleimer in der Küche. Auch im Bad gab es keinen, denn wir hatten zu der Zeit noch kein Badezimmer. Warum aber fehlte der Mülleimer in der Küche? Kurze Antwort: weil wir die Asche in den Garten brachten, als Dünger. Diese Antwort wird junge Leser nicht aufklären. Ein zusätzlicher Hinweis: Städter hatten zwar auch keinen heute üblichen Mülleimer, aber einen Ascheeimer. Bei der Befeuerung von Herd und Allesbrenner fiel als Restprodukt nach dem Abbrennen von Holz, Kohle und Brikett Asche an. Diese Asche mussten die Leute, die keinen Garten hatten, entsorgen. Asche war Müll, der anfiel und durfte nur in kaltem Zustand in die großen Metalltonnen geschüttet werden.

Wir in der Bauernfamilie Kotthaus brauchten in den 50er Jahren weder Müll- noch Ascheeimer. Ja, aber es gibt doch immerzu Müll und heute lernt doch jedes Kind und jeder Flüchtling, der nach Deutschland kommt: Verpackungsmaterial wie Milchtüten und Joghurtbecher gehören zum Recyceln in den „gelben Müll“, Papier und Pappe zum Altpapier, Grünschnitt, Obst- und Gemüsereste in die Biotonne. Was nicht sortiert werden werden kann, wandert in den „Restmüll“.

In vielen Orten werden heute Lebensmittel mit überschrittenem Haltbarkeitsdatum und unansehnliches Obst und Gemüse vor der Vernichtung gerettet. Wenn in Remscheid der entsprechende Verein über 100 ehrenamtliche Mitarbeiter und Mitarbeiterinnen hat, die tagtäglich die Supermärkte anfahren und die abgelaufene Ware einsammeln und weitergeben, dann darf sich Remscheid doch wohl bald zu Recht „foodsharing-Stadt“ nennen!

Papier wurde bei uns weiter verwertet. Zeitungspapier legte der Vater passend gefaltet als wärmende Sohle in die Gummistiefel oder Holzschuhe. Unsere Mutter hingegen zerknüllte es und verwendete es zusammen mit Reisig zum Feueranmachen im Herd oder Allesbrenner. Waren Lederschuhe nach dem langen Schulweg nass geworden, wurden sie mit zusammengedrücktem Zeitungspapier ausgestopft, um die Feuchtigkeit aufzusaugen. Selbst die Geschäftsleute gebrauchten die gelesenen Seiten, um Käse oder Hering einzupacken. Auch Eier, die wir ab Hof verkauften, wurden immer zu drei Stück in Zeitungspapier eingerollt. Das restliche Zeitungspapier „verschwand“ auf dem Klo. Die Blätter hingen, sauber zurechtgeschnitten, am Nagel. Klopapier wurde bei uns erst Ende der 50er Jahre eingeführt.

Erhielten wir in der Familie Briefe, durften wir Vorschulkinder auf den freien Stellen der Briefumschläge vorne und hinten unsere Buchstaben üben. Oder Mutter schrieb Notizen darauf, zum Beispiel für einen kleinen Einkauf im „Tante-Emma-Laden“. Auf dem Nachhauseweg von der Schule betraten wir beiden kleinen Mädchen an der Holthauserstraße den wohnzimmergroßen Laden, gaben die leere Maggiflasche ab und ließen sie auffüllen. Einige Kleinigkeiten kamen dazu, vielleicht Salizyl und Einmachhaut, die die Mutter zum Gurkeneinlegen oder zur Herstellung von Marmelade brauchte. Natürlich gab es damals keine Selbstbedienung in dem Laden. Hatten wir einmal nicht genug Geld zum Bezahlen dabei, wurde im kleinen Heftchen „aufgeschrieben“

und beim nächsten Einkauf bezahlt. Das Eingekaufte steckten wir in den Schultornister, eine Plastiktüte gab es nicht. Auch in der Drogerie fand der Verkauf ohne Selbstbedienung statt. Man musste warten, bis man „dran“ war. Einen Einkaufswagen brauchte man für die wenigen Teile nicht und selbstverständlich hatten die Frauen eine Einkaufstasche dabei oder ein Netz. Das Einkaufen von Lebensmitteln war Frauensache, keine Aufgabe für Männer. Aber meine Mutter lief nicht in die Stadt, um Lebensmittel einzukaufen.

Im Garten und am Feldrand wuchs für die Familie das, was mittags auf den Tisch kam, wahrlich „heimische Erzeugnisse aus der Region“. Selbstverständlich bedeutete es für die Mutter und für uns heranwachsende Töchter viel Arbeit, bis man ernten konnte: Salat, Möhren, Strauchbohnen, Grünkohl und Rosenkohl und so weiter. Tomaten und Paprika habe ich in meiner Kindheit nicht kennengelernt, dafür gab es aber einen großen Acker, auf dem wir im Herbst Kartoffeln ernteten. Und mittags waren wir mit „Gemüse und Kartoffeln durcheinander“ meist sehr zufrieden.

Obst und Gemüse waren nicht in Plastik verpackt; auch die Milch wurde nicht in Tüten gekauft. Bei uns auf dem Bauernhof kam sie direkt aus dem Kuheuter und war das hauptsächliche Getränk für uns Kinder. Quark und Dickmilch wurden im Moltontuch oder im Porzellankrug selbst gemacht. Verpackungsmaterial entfiel! Das Brot wurde ins Haus geliefert. Deutlich kann ich mich an das Frühstück in der Schule erinnern: „Gute Ware – meine Reklame“ stand in blauen Buchstaben auf dem pergamentartigen Papier, in das mein Frühstücksbrot eingewickelt war. Wiederverwertung des Schwarzbrotpapiers. Wenn es dann nach mehrfachem Gebrauch auseinanderfiel, das Papier, wurde es von meiner Mutter in den Ofen geschmissen. Einmal, daran erinnert sich jeder in der Familie, hat die Mutter aus Versehen ein Schul-Leseheft meiner jüngsten Schwester ins Feuer geworfen. Sie dachte, es wäre eine bunte Zeitungsbeilage gewesen.

Hannelore Schmalenbeck

Ist es nicht für heutige Leser unvorstellbar, so wenig Überfluss zu haben, dass kein Abfalleimer, keine Mülltonne notwendig ist? So war es bei der neunköpfigen Großfamilie Wenzel / Schmidt am Ortsrand von Wuppertal-Ronsdorf in den 50er und 60er Jahren. Es gab keine Mülltonne.

Beim Heumachen für die Kaninchen

Sie waren Selbstversorger in diesem großen Familienverband. Hinter dem eigenen Häuschen, erworben 1850, gab es ein großes Gartenstück und einen richtigen Kartoffelacker. Zehn Zentner Kartoffeln ernteten sie im Jahr, Frühkartoffeln und Spätkartoffeln. Jeden Tag gab es mittags zum eigenen Gemüse Kartoffeln, abends aus den Resten Bratkartoffeln. Selbst die Kartoffelschalen wurden noch verspeist, allerdings von den Hühnern. Dazu kochte man zuerst die Schalen, stampfte sie und vermischte das Ganze dann mit dem gekauften Legemehl. So gab man es den Hühnern, die meist draußen im Gehege frei herumliefen. Das Federvieh scharrte zusätzlich nach Würmern und fand auch noch etwas Fressbares auf dem Misthaufen. Die Vorfahren aus der Familie hatten hier noch zwei oder drei Kühe gehalten. Jetzt gab es andere Vierbeiner, die Abwechslung auf die Speisekarte brachten: die Kaninchen. „Oh, wie schrecklich war es, als wir ‚Lotti', unseren Liebling, im Bratentopf hatten! Wir Kinder wollten das Kaninchen, das wir mit Löwenzahn und Möhrchen gefüttert hatten, doch nicht essen!", erinnert sich Hannelore mit Schaudern.

Milch gab es nicht aus dem Tetrapack, sie wurde in einer Kanne vom Bauernhof nebenan gebracht, täglich fünf Liter, frisch vom Euter. Wochentags kam zuverlässig Horst oder Harald, einer der Bauernsöhne, und brachte morgens die Milch. Am Sonntag erschien der Bauer August Kotthaus sogar persönlich mit der vollen Kanne, nahm das Milchgeld für die Woche in Empfang, hielt sich gerne noch ein Stündchen bei Wenzels auf und „klönte" mit den Alten. Täglich löffelte „Pa", der Opa aus der Familie Wenzel, Milchsuppe, oft abends und morgens, vorwiegend mit Haferflocken, aber auch mit Grieß oder auch Nudeln. Auf jeden Fall mit Apfelkompott. Apfelkompott gab es ab Herbst für die ganze Familie täglich. War die Milch sauer geworden, füllte die Hausfrau die fest gewordene Sauermilch in ein sauberes Geschirrtuch, führte die Ecken zusammen und hängte den „Milchbeutel“ an einen Haken am kleinen Tisch neben dem Herd. So konnte sich im Tuch nach kurzer Zeit Quark entwickeln. Die Molke floss heraus, sie tropfte in eine Schüssel, die auf dem Boden stand. Keiner kaufte Käsescheiben in einer Plastikpackung. Hatte man zu viel saure Milch, gab man auch diese Speise den Hühnern.

Brot brachte der Bäcker mit seinem Kombi unverpackt. Die gewünschten Brote wurden von Hand zu Hand gereicht, Mischbrot, Mangbrot, Schwarzbrot, Weißbrot und für sonntags auch einen „Platz“, ein weiches Rosinenbrot. Die Oma besaß einen Emaillekochtopf, so groß, wie er nur zum Kochen für ein Zeltlager gebraucht wird. Dorthinein legte sie alle Brote. „Obendrauf kam ein rotbrauner Deckel, und nie hat sich ein Kind einfach so etwas aus dem Topf genommen.“ Die Oma schnitt mit einem alten, großen Messer das Brot vor der Brust. So dünn, wie es heute keiner mehr von Hand schneiden kann. Aber alle wurden satt. Wenn man richtig Hunger hatte, machte die Oma ein geklapptes Brot, Weißbrot mit Schwarzbrot, dazwischen Marmelade oder dünn Käse auf Butter. „Schwatt on witt oppehn, dat gewen dicke Been“, so hieß es in der Familie. („Schwarz auf weiß aufeinander, das geben dicke/starke Beine“).

Brot gab es morgens zum Frühstück und abends zum Abendessen, Weißbrot oder Stuten nachmittags zum Kaffee. Nur, wenn ein neues Wachstuch auf dem großen Tisch lag, nahm sich jeder ein Brettchen zum Broteschmieren. War das Wachstuch schon lang in Gebrauch, sparte man sich die Brettchen und legte die Brotscheiben direkt auf das abwaschbare Tuch. Es wurden keine Hochstühle für die kleinen Kinder gekauft, auch keine Bank. Die Kleinen knieten auf dem alten Sofa, das hinter dem großen Tisch stand. Die Erwachsenen schmierten ihnen die Brote.

War doch einmal Brot trocken geworden, weichten die Frauen es mit Wasser in der kleinen Waschschüssel aus Emaille ein, drückten es aus und warfen es den Hühnern vor. Die fraßen es gerne. Mehrfach schmierte der Opa etwas Besonderes auf eine Brotschnitte, legte diese in eine leere Fischdose und brachte das in den kleinen Stall. Dann, wenn er Erfolg hatte, kam er in die Küche und rief seiner Frau zu: „Else, mach ens mal den Ofen auf! Ich hann wi-er ehne!" Da machten die Kinder große Augen. Er hielt eine tote Ratte am Schwanz, die schaukelte hin und her. „Das gab dann eine Feuerbestattung", schmunzelt Hannelore heute. „Pa", ihr Großvater, hatte Rattengift auf das Brotstück geschmiert und damit wieder eine gefangen. Es wollte doch niemand Ratten in dem kleinen Stall haben! Aber irgendwann musste der Alte die Methode ändern. Eine Bekannte hatte mehrfach in der großen Elberfelder Drogerie Rattengift gekauft. Aber dann kam sie eines Tages ins Haus: „Nie mehr kaufe ich das Zeug da. Die haben mich gefragt, ob ich jemanden umbringen will!" Jetzt war es vorbei mit Rattengift, und der Opa griff zur Flinte. Man wusste sich zu helfen in der Familie.

Und die Alten wussten auch, wie man am besten „durch den Winter kam". Von einer Generation zur nächsten wurden die Kenntnisse weitergegeben: Für den Winter waren Sauerkraut aus Weißkohl und saure Schnibbelbohnen aus Stangenbohnen herzustellen. In der Erntezeit sorgte man vor. Und im großen Einkochkessel, der auf den alten Herd gestellt wurde, konnte man im Sommer und Herbst große Mengen Obst und Gemüse, in 1- und 2-Liter-Gläsern einkochen. So hatte man ganzjährig einen abwechslungsreichen Speiseplan. In der „guten Jahreszeit" wurde gegessen, was der Garten gerade bot. Hatte man den letzten Wirsingkopf zubereitet und verspeist, wurde natürlich nicht diese Sorte auf dem Markt nachgekauft. Jetzt gab es vielleicht jeden Tag Salat, der sollte ja im Garten nicht „schießen" und verderben.

Als ganz besondere Köstlichkeit bekamen die Kinder auch mal Saft, aber nicht „Multivitaminsaft" oder „Orangensaft mit Fruchtfleisch" aus der Literpackung, sondern Saft aus eigener Herstellung. Im Garten wuchsen rote und schwarze Johannisbeeren, auch Erdbeeren und Himbeeren. Daraus konnte man Gelee oder Saft zubereiten. Aber noch begehrter waren die Waldhimbeeren. Mit Metallkannen zogen die Frauen und Kinder in den Wald, um Himbeeren und auch Waldbeeren zu sammeln. Die Garten-Himbeeren wurden durch ein Tuch gepresst und der Saft mit Wasser verdünnt. Das war das köstlichste Getränk!

Ab und zu gab es original Cornedbeef aus England als Brotaufstrich. Wie kam man denn in der Familie zu dieser besonderen Speise? Der Opa half dem Nachbarn Schwerter in den 50er und 60er Jahren bei der Arbeit auf dem Bauernhof. Der Bauer holte, wie es üblich war, Gemüseabfall für die Tiere, auch bei den Engländern, die nach dem Krieg in den großen Kasernen am Ortsrand jahrelang als „Besatzungsmacht" wohnten. Die unmittelbaren Nachkriegsjahre mit „Hamstern" waren vorbei, aber „Ferkes Max" führte erfolgreiche Tauschgeschäfte mit den englischen Soldaten. Da konnte er einige Lebensmittel „organisieren", außer Cornedbeef auch schon mal eine Dose Pfeffer, damals ein Luxusartikel. Und so gelangten diese ganz besonders kostbaren Lebensmittel als Lohn für die Hilfe auf den Tisch der Großfamilie.

Bei den Wenzels musste nicht viel für Geld eingekauft werden. Selbstgestrickte Pullover, die am Bündchen oder am Ellenbogen schadhaft waren, wurden aufgetrennt und aufgeribbelt. Die alten Fäden spannte man auf große Holzbrettchen und feuchtete sie kurz an. So hatte man wieder Wolle, um etwas Neues zu stricken. Auch alte Mäntel wurden an den Nähten aufgetrennt, auf „links" gedreht. So hatte man eine schöne Seite und gab die Stoffteile zur Schneiderin, die neue Mäntel und Jacken für die Kinder herstellte. Viel musste man nicht für die Arbeit bezahlen. Die Näherin hatte beim Nähen und Stricken den sorgsamen Umgang mit Garn und Wolle in besonderem Maße gelernt. In der privaten Handarbeitsschule von Auguste Hartmann in Remscheid hieß es damals:

„Jedes nach dem Vernähen abgeschnittene Fädchen wird verwahrt, um später ein Nadelkissen damit auszustopfen. Nichts wird in den Abfall geworfen!"

Bei Wenzels in der Familie gab es Kleidung in drei „Güteklassen": die feine Sonntagskleidung, die Schulkleidung und die Alltagskleidung zum Spielen draußen und zum Helfen. Normalerweise wurde aus der Sonntagskleidung Schulkleidung. War die abgelegte Sonntagskleidung zu fein für die Schule, vielleicht bestickt auf weißem Batist, dann wurde das gute Kleid für das Schwesterchen verwahrt. Wie günstig, wenn für den Sonntag ein karierter Rock oder ein bunter Pullover gewählt worden waren. Die Teile waren später strapazierbare Schulkleidung. Die Dirndl-Kleider, die ihr die Oma Erna regelmäßig aus dem Urlaub in Tirol mitbrachte, trug Hannelore in der Schule und fühlte sich nicht wohl darin. Wer zog denn so etwas schon an? Auch die karierte lange Hose aus wärmendem Wollstoff gegen Blasenentzündungen behagte ihr nicht. Sie war doch viel zu groß! Als Mädchen trug sie die Hosenträger verschämt unter dem Pullover. Jeder Gang zum Klo war ein Drama. „Ich war so spindeldürr! Da stand ich inmitten dieser Hose!“ erinnert sich Hannelore mit Schaudern.

War damals ein Kleid oder ein Röckchen nicht mehr gut genug für den Schulbesuch, zog man es für nachmittags zu Hause an. Jeden Mittag mussten die Schulkinder sich umziehen. Lederschuhe für die Kinder wurden gerne eine Nummer größer gekauft und mit Einlegesohle und Fersengummis versehen, damit sie lange getragen werden konnten. Schuhe für den Nachmittag, zum Spielen draußen oder für die Gartenarbeit, waren manchmal zu klein. Es waren ja die abgelegten „Schulmodelle“.

Die Kleiderschränke waren nicht übervoll, man konnte nicht so billig einkaufen wie heute. Kein Stück wurde weggeschmissen, auch mit Lumpen konnte man noch etwas anfangen; vielleicht gebrauchte man sie zum Putzen. Waschmittel gab es nicht flüssig aus Plastikflaschen, sondern als Pulver in großen Kartons; Spülmittel war ebenfalls nicht flüssig, sondern in Pulverform. Die leeren Kartons wurden zerrissen und im Ofen verbrannt, wie so manches, was heute in den Abfalleimer fliegt.

Aber wie war es mit Plastik? Gab es denn gar nichts aus Plastik? Als Verpackungsmaterial wurde es damals nicht verwendet. Das Radio aus den 50er Jahren hatte ein Gehäuse aus „Bakelit", einem kunststoffähnlichen Material. Die Lautsprecher waren mit braunem Stoff bezogen. „Wenn die Stimme des Nachrichtensprechers zu hören war, habe ich als kleines Kind gedacht, da sitzt ein Männchen drin", erinnert sich Hannelore heute. Sie selbst bekam einen Plattenspieler zum Weihnachtsfest 1964. Und die Beatles-Welle erfasste auch sie.

Sie erfuhren etwas vom Geschehen in der Verwandtschaft und in Ronsdorf, auch von Politik und vom Weltgeschehen, die Neun aus der Familie Wenzel/Schmidt. Per Telefon nur die wichtigsten Nachrichten, die übermittelte der Nachbar, der als Handwerker ein Telefon haben musste. Dorthin oder zum benachbarten Bauernhof konnte man gehen, hatte man selbst etwas Wichtiges zu übermitteln. Denn Wenzels besaßen nie ein Telefon. Natürlich schrieb man auch Karten oder Briefe an seine Lieben. Sehr viele Verwandte wohnten in der Nähe, die kamen sowieso fast jedes Wochenende ins Haus, brachten Neuigkeiten mit und aßen sich satt, aber halfen auch bei Garten- und Hausarbeit.

Edith Schmidt, die gehörlos war, bekam sogar schon Ende der 50er Jahre einen Fernseher, zunächst mit einem Programm. Sie konnte zwar nicht hören, aber nun konnte sie mehr sehen als die anderen aus der Familie. Natürlich durfte auch Hannelore hin und wieder fernsehen, aber „Pa", ihr Opa, äußerte sich verächtlich über diese neue Erfindung: „Do gonn ich nit hin. In den Aapenkasten kiek ech nit!"

(Da gehe ich nicht hin. In den Affenkasten gucke ich nicht!) Und so starb er 1979 im gesegneten Alter von 94 Jahren glücklich, ohne jemals eine Fernsehsendung gesehen zu haben.

Hannelore im Garten

11/ Wie es in der Schule zuging

Wie ging es früher in der Schule zu? 1717 wurde in Preußen die Schulpflicht eingeführt. Die „höhere Schulbildung“ war jahrhundertelang nur Jungen aus „gehobenen Kreisen“ vorbehalten. Der Adel holte sich Privatlehrer, um seine Knaben zu unterrichten. Noch vor etwas mehr als 60 Jahren mussten die Eltern für den Besuch eines Gymnasiums Schulgeld bezahlen. Mädchen durften erst vor gut hundert Jahren eine „höhere Schule“ besuchen, ein Lyzeum. Koedukation war nicht selbstverständlich. Wie es heute in der Schule abläuft, scheinen viele durch Rückmeldung von eigenen Kindern oder Enkelkindern zu wissen. „Die Lehrerin hat mich schon wieder nicht drangenommen“ und „Mein Sitznachbar hat dauernd reingeredet, ich konnte gar nicht rechnen!“ Jedes Mal wieder nach den Sommerferien liest man in der Presse von einem erschreckend hohen Lehrermangel. Im Jahr 2025, so wird es prophezeit, werden in Deutschland mehr als 26 000 Lehrerstellen unbesetzt sein. Trotzdem werden nicht genügend Lehrer eingestellt. Stattdessen werden Referendare, die ihre Ausbildung noch nicht abgeschlossen haben, für bedarfsdeckenden Unterricht eingesetzt. Junglehrer werden jahrelang von einer Vertretungsstelle zur anderen geschoben und bekommen kaum eine Festanstellung. Verbeamtet wird kaum noch. Der Lehrerberuf ist schon lange nicht mehr attraktiv, Lehrer und Lehrerinnen sind schon lange keine Respektpersonen mehr. Wie man lesen konnte, wurden 2018 etwa 500 Lehrerinnen und Lehrer Opfer von Gewalt. Viele haben mittlerweile Angst. Angst vor dem Unterrichten, vor den gestiegenen Anforderungen und vor der Mehrbelastung.

Vor hundert Jahren wurde eher den kleinen Kindern Angst vor der Schule gemacht. „Warte nur, bis du in die Schule kommst, da musst du stillsitzen und da gibt es Schläge!“ warnten die älteren Geschwister. Um einem Kind den Schrecken vor der Schule zu nehmen, wurde die „Zuckertüte“ eingeführt. Der Schulstart sollte versüßt werden. Die Schultüte wurde mit Süßigkeiten gefüllt, je nach Geldbeutel der Eltern. Heute ist bei den meisten Kindern die Angst vor der Schule gewichen, das ist gut. Die „Zuckertüte“ ist geblieben, sogar in Miniformat für die kleine Schwester. Am ersten Schultag erscheint der kleine Schulneuling stolz mit dem neuen, teuren Tornister auf dem Rücken, gelegentlich gekleidet in einem kleinen Anzug, erhält mehrere Schultüten. In der Klasse soll er sich einfügen als einer unter vielen. Die Eltern haben sich meist schon lange Gedanken gemacht über die „richtige Schule“ für ihr Kind. Das Leben in einer globalen, vielfach vernetzten Welt mit Digitalisierung des Alltags und der Arbeitswelt stellt neue Herausforderungen. Eine Schule, die auf Kreativität, Selbstorganisation und Zugewandtheit setzt, scheint die Kinder besser für die Zukunft vorzubereiten. Jahrgangsmischung oder Lernen im starren Klassenverband? Die Eltern machen sich Gedanken. Und die Eltern haben Mitspracherecht, besuchen im ersten Schuljahr oft zu zweit die Elternabende. Und die Lehrerinnen und Lehrer, die den Elternabend leiten, sind oft auch Erzieher und Erzieherinnen der Eltern, die den Mut haben, ihnen zu sagen: „Traut euren Kindern etwas zu! Chauffiert sie nicht jeden Tag zur Schule! Tragt ihnen nicht den Tornister in den Klassenraum! Erdrückt sie nicht mit allzu hohen Erwartungen, die schwerer auf ihrer Seele lasten als ein gefüllter Tornister!“ Zum Glück gibt es sie immer noch: die engagierten und einsatzbereiten Lehrer und Lehrerinnen, die stillen Helden des Alltags, die modernen „Lernbegleiter“. Die Schule, eine Stätte, wo Toleranz und ein gutes Miteinander eingeübt wird, wo „Multikulti“ selbstverständlich und mit gegenseitiger Achtung und Bereicherung gelebt werden kann. Hier wird die Motivation für ein lebenslanges Lernen angestoßen.

Lieselotte Kirberg

Zwei Abschlusskleider für Mädchen sind heute üblich, wenn der große Erfolg des Abiturs gefeiert wird. Auch die jungen Herren brauchen zwei Anzüge für die verschiedenen Feiern, hieß es kürzlich im Radio. Da müssen die Eltern tief in die Tasche greifen und noch zusätzlich für die „Location“ viel Geld bezahlen. Vielleicht sogar auf dem langen Weg zum Abitur des Nachwuchses einige Hunderter oder Tausender in Nachhilfestunden stecken.

Lieselotte hätte, wie ihre ältere Schwester Marlene, das Abitur ohne Nachhilfe geschafft, aber der Besuch des Gymnasiums war damals in den Bauernfamilien nicht üblich. Ohne Groll betont Lieselotte: „Ich bin mit meinem Leben, so wie es gelaufen ist, sehr zufrieden.“ Dabei schaut sie dankbar ihren Mann Hartmut an, mit dem sie zusammen vier Töchter hat.

Lieselotte Berg hat, wie ihre Geschwister Walter und Marlene, acht Jahre lang die Volksschule in ihrem Wohnbezirk, die „Landschule Linde“, besucht.

„Wie war denn deine Abschlussfeier nach der Schulentlassung?“, fragen wir sie.

„Abschlussfeier? Ich weiß es nicht. Gab es überhaupt eine Abschlussfeier? Ich glaube nicht.“ Vielleicht trug sie am letzten Schultag Sonntagskleidung, wie auch am ersten Schultag Ostern 1953. Auf dem Foto ist die Sechsjährige zu sehen in Faltenrock mit Bluse, darüber eine feine, besondere Strickjacke. Weiße, von der Mutter gestrickte Kniestrümpfe. Auffällig ist der ernste Ausdruck im Gesicht, von dicken, schwarzen Zöpfen eingerahmt. „Ich war immer sehr ernst und gewissenhaft", erzählt Lieselotte. Und ihr Ehemann pflichtet ihr bei: „Sehr gewissenhaft und ehrgeizig. Das zieht sich wie ein roter Faden durch das ganze Leben."

Liselotte mit einer Schiefertafel in der Volksschule

Auch am ersten Schultag gab es keine besondere Feier im Familienkreis. Schuleintritt von Kindern kannte man in der Familie schon. Der um neun Jahre ältere Bruder Walter war schon aus der Schule entlassen und arbeitete zu Hause als zukünftiger Hoferbe selbstverständlich mit. Dabei zeigte er große Leidenschaft zu seinem vorgesehenen Beruf. Die jüngste Schwester konnte seinen kleinen Tornister aus Rindsleder erben. Die Zöpfe wippten um die Wette mit Schwamm und Tafellappen, die aus dem Ranzen heraushingen. Stolz trug sie den Tornister auf dem Rücken und ging zusammen mit einem Schulkameraden, Friedrich Kotthaus, den etwa 15minütigen Weg zur Schule. Das große, schiefergedeckte Schulgebäude war ihr schon von den Geschwistern her bekannt. Zunächst gingen die Beiden, in festen Schuhen und strapazierfähiger, bunter Kleidung, den „alten Weg“ zwischen den Feldern bis zur großen Straße, damals schon Bundesstraße 51. „Eine sehr, sehr befahrene Straße“, so kommt es Lieselotte in der Erinnerung vor. Heute wäre ein Überqueren ohne Ampel gar nicht möglich. Damals wurde es von den Kindern selbstverständlich erwartet. Die Eltern begleiteten sie nicht. Wie denn auch? Die hatten zu Hause auf dem Hof genug Arbeit: im Stall, in der Küche, auf dem Feld... „Einmal ist etwas ganz Schlimmes passiert“, berichtet Lieselotte, und den Schrecken sieht man ihr beim Erzählen noch an. Zweimal in der Woche hatte sie, das Bauernkind, zusätzlich zum Tornister, eine Flasche mit eineinhalb Litern Milch zu tragen und einer Bekannten vor die Tür zu stellen. Das Milchgeld, eine Mark, fand sie unter der Fußmatte und hatte es gewissenhaft zu verwahren. Beim Überqueren der Hauptstraße passierte es dann: Der Schulkamerad war schon auf der anderen Seite. Die Reifen quietschten lautstark, die Stoßstange des Lasters hatte sie fast berührt. Dicht vor ihr die riesige Motorhaube. Beinahe wäre sie unter einen großen Laster gekommen. Mit hochrotem Kopf und lautem Herzklopfen kam sie am

Schultor hinter dem Zaun an. Nichts hat sie davon zu Hause erzählt, sie hätte obendrein noch Prügel und Vorwürfe bekommen: „Da hast du wohl nicht aufgepasst!“

In der Schule Linde gab es „jahrgangsübergreifenden Unterricht“, wie es auf Neudeutsch heißt. Die Stufen 1 bis 3 wurden in einem Klassenraum unterrichtet, in einem anderen die beiden Jahrgänge 4 und 5, die letzten, 6 bis 8 immer von dem Schuldirektor in einem dritten Klassenraum. „Die bekannten und geachteten Lehrer Beek und Lueg, die mein Bruder gehabt hatte, waren schon pensioniert. Als die beiden Vorgänger gestorben waren, hatte mein Vater das Gespann Pferde geführt und den Wagen mit dem Sarg gefahren. Beide Male ein großer Trauerzug bis zum Lüttringhauser Friedhof. Alle Menschen vom Bezirk Linde und Jägerhaus gingen mit“, weiß Lieselotte heute zu berichten.

Die Lehrer waren damals, wie die Pfarrer, Respektpersonen. Im Klassenraum wurden sie zu Beginn des Schultages im Stehen von den Schülern begrüßt mit den Worten: „Gu-ten Mor-gen, Herr Leh-rer!“. Am Anfang sangen die Kinder immer ein Lied, danach erst setzte sich jeder. Als Lieselotte 1953 in die Schule kam, saßen etwa 35 bis 40 Kinder im Raum; Erst-, Zweit- und Drittklässler zusammen. In langen Reihen saßen sie in den Bänken, vorne die Kleinen, hinten die Großen. Als Lieselotte eingeschult wurde, war sie das einzige Bauernkind in ihrem Jahrgang. Zunächst übten die Kinder einzelne Buchstaben auf der Tafel, bald schon kamen ganze Wörter und auch kleine Sätze dazu. Die Schulbücher waren gebraucht, Lesefibeln und Rechenbücher wurden an die Jüngeren weitergegeben. „Die Kinder waren alle recht gut erzogen und brav im Unterricht“, erinnert sich Lieselotte. „Aber hin und wieder gab es doch Strafarbeiten oder Nachsitzen mittags, eher bei den Jungen. Die Lehrer zogen auch einem Jungen schon mal die Ohren lang, wenn er Unsinn gemacht hatte.“ Die „Kleinen“ wurden von Fräulein Hildegard Klein unterrichtet, die Mädchen liebten sie. Die Jungen freuten sich darauf, ab Klasse vier von einem Mann unterrichtet zu werden: von Junglehrer Lenz. Der Schulleiter Pitsch, der immer die letzten Jahrgänge unterrichtete, wohnte in der oberen Etage des Schulgebäudes. Er bewirtschaftete auch den Garten am Schulhaus, und es war üblich, dass die älteren Jungen während der Vormittagszeit hin und wieder zur Gartenarbeit abgeordnet wurden – natürlich ohne Nachfragen bei den Eltern und auch ohne Beaufsichtigung. „Der Schuldirektor Pitsch war der heimliche Bürgermeister in unserem Bezirk“, so Lieselotte.

Der Schulunterricht fand an sechs Vormittagen in der Woche statt. Zum Mittagessen waren alle Kinder wieder zu Hause. Die Hausaufgaben konnten die beiden Schwestern Marlene und Lieselotte in Ruhe erledigen. Wie gerne hatte Lieselotte früher schon bei der großen Schwester gesessen, wenn die ihre Schulaufgaben machte. Auf alten Briefumschlägen hatte sie Buchstaben und Zahlen gemalt. Dazu gingen sie die Treppe hinauf in die Etage von Oma und Opa. Die Wohnküche der Großeltern oben im Haus wurde kaum genutzt, und so hatten sie hier ihre ruhige Privatzone. Während unten im Haus, auch in der Küche, jeder hin und her lief und irgendwelche Arbeiten zu erledigen hatte, konnten sie sich hierhin zurückziehen und die Hausaufgaben erledigen. Aber manches Mal sagte Lieselotte zu den Eltern: „Ich geh jetzt zuerst mit euch aufs Feld, Heu machen. Die Schulaufgaben erledige ich dann heut' Abend."

Samstags war zwar Unterricht, aber es gab keine Hausaufgaben.

„Ich machte die Hausaufgaben immer gerne. Überhaupt ging ich sehr gerne zur Schule und lernte sehr leicht. Fast immer hatte ich null Fehler", erinnert sich Lieselotte. Bei den Wuppertaler Berufsschulen waren die „Linder Kinder" sehr gut angesehen, „denn die konnten immer so gut rechnen", sagt sie nicht ohne Stolz. Und mit leuchtenden Augen erzählt sie weiter: „Die Schule Linde war schon eine ganz besondere."

Lieselotte war vielleicht der Liebling von Frl. Klein. Hin und wieder, wenn Frl. Klein etwas für den Unterricht vergessen hatte, durfte sie in der nahegelegenen Wohnung der Lehrerin das Fehlende holen. „Und ich durfte den Jüngeren oft etwas vorlesen", berichtet sie. Das Prinzip des jahrgangsübergreifenden Unterrichts ist heute noch, dass die Älteren den Jüngeren helfen.

Im Wohnzimmer von Ehepaar Kirberg hängt Lieselottes Ehren-Urkunde für 40 Jahre Mitgliedschaft im Kirchenchor Homberg. „Ich habe immer so gerne gesungen", strahlt Lieselotte. Wie viele Lieder hatte sie schon als Kleinkind gelernt! Lehrer Lenz, dessen Vorliebe die Musik war, schaffte es, dass alle Kinder die bekannten Volkslieder mit sämtlichen Strophen auswendig lernten. Ebenso wie Marlene erhielt Lieselotte in der elterlichen Wohnung Harmonium-Unterricht von diesem Lehrer. Und Sonntagnachmittags wünschte sich der Opa regelmäßig, dass sie ihm Volkslieder auf dem Harmonium vorspielte: „Och Wicht, spiels mich noch en Lied!“ Oft wurde in der Familie dreistimmig gesungen: Die beiden Mädchen sangen die erste Stimme, die Mutter Alwine die zweite Stimme und der Opa Otto die dritte. Nicht nur Volkslieder, auch Kirchenlieder waren in der Familie beliebt. Sonntags, in der Sonntagsschule, konnten die Töchter viele Lieder mitsingen. Wie gerne gingen sie zum Kindergottesdienst, wie schön war es, mit anderen Kindern fröhlich zusammen zu sein!

Montags fing der Schulunterricht wieder an. Eine ältere Lehrerin kam zusätzlich in die Schule, um den Handarbeits-Unterricht für die Mädchen zu erteilen. Der Sportunterricht musste auf dem Schulhof stattfinden, da es noch keine Turnhalle gab. In der normalen Kleidung fanden dann für verschiedene Jahrgänge Lauf- und Wettspiele und gymnastische Übungen statt.

„Ich mochte besonders gerne den Heimatkunde-Unterricht. Da lernten wir viel über das Bergische Land, die Müngstener Brücke, Schloss Burg, verschiedene Berufe oder das Ruhrgebiet.“

Schloss Burg und der Wuppertaler Zoo waren beliebte Ausflugsziele für die Schule. Natürlich haben die Jungen und Mädchen auch kleine Wanderungen in die nähere Umgebung unternommen. War das Wetter besonders schön, schrieben die Kinder, bevor der Lehrer in den Klassenraum trat, in Schönschrift an die Tafel:

„Die Luft ist so blau, das Tal ist so grün, Herr Lehrer, wir wollen spazieren gehen. Aber nicht nur um die Ecke, bitte, eine weite Strecke!“

Oft erfüllte der Lehrer den Kindern den Wunsch, wollte er selbst doch auch gerne einmal dem Schulmief entfliehen. Es scheint so, dass die Lehrer damals nicht so sehr von einem starren Lehrplan gegängelt wurden. Beide Lehrer gingen in ihren Lieblingsfächern auf, Lehrer Lenz in Musik, Lehrer Pitsch in Geschichte. „Das überzogen sie oftmals auf Kosten der anderen Fächer", erinnert sich Lieselotte.

Lieselottes Vater Otto Berg gab damals Land zum Bau eines Sportplatzes an der Linde ab. Daraufhin kam der Schulleiter Pitsch auf ihn zu: „Herr Berg, schicken Sie doch Ihre Tochter zum Gymnasium!" Lieselotte konnte so gut lernen. Aber zu Hause entschied der Vater: „Die Mädchen müssen der Mutter helfen und auf dem Hof mitarbeiten. Die Großeltern sind schon alt, die Oma ist krank. Die Mutter kann das nicht alles allein." Etliche Kinder gingen damals schon zum Gymnasium oder zur Realschule, aber Lieselotte durfte, wie ihre Schwester Marlene, nur die Volksschule besuchen. Das bedeutete für sie auch, dass Freundschaften auseinandergingen, man sah sich ja nicht mehr in der Schule. Früher hatten sie vormittags in der Schule überlegt: „Sollen wir heute zum ‚Steinelaufen' gehen?" Und wenn die Mädchen nicht zu Hause helfen mussten, trafen sie sich auf dem Feld mit den riesig großen Steinen. Wie viel Spaß es ihnen machte, hohe Sprünge über die Steine zu wagen, kreuz und quer zu laufen! Manchmal gingen sie auch zu mehreren zum kleinen „Tante-Emma-Laden" in der Nähe. Lieselotte hatte zu Hause um fünf Pfennig gebettelt. Dann konnte sie sich wie die anderen Kinder Brause kaufen, so lecker!

Acht Jahre lang besuchte Lieselotte die Volksschule Linde, in den letzten drei Jahren wurde sie von dem

Schulleiter unterrichtet. Geschichte war ja sein Lieblingsfach und wurde auch Lieselottes Lieblingsfach. So gerne lernte sie und wollte mehr wissen von der Welt!

Als sie mit 14 Jahren aus der Schule entlassen wurde, war ihre volle Arbeitskraft auf dem elterlichen Hof gefragt. Chor und Turnverein boten etwas Abwechslung. Mit 18 Jahren besuchte sie, wie damals üblich, im Winterhalbjahr die „Landwirtschaftsschule“ in Lennep. Sie lernte im Kreis von Bauerntöchtern Viehhaltung, moderne Hauswirtschaft, Gartenarbeit, Kinderpflege und so weiter.

Als ein Bauernsohn mit ihr „anbandeln“ wollte, schlug sie das aus. Sie wollte sich noch nicht so früh an einen Mann binden, nicht so früh als Bäuerin einen Hof bewirtschaften, Kinder kriegen... „Man muss doch noch was lernen! Man muss doch noch in eine andere Stadt! Das hab' ich damals gedacht“, sagt uns Lieselotte. Und dann fällt ihr noch ein: „Die Frau von unserem Schuldirektor Pitsch war eine ganz moderne, flotte Frau, fast ‚hip‘. Die hat dafür gesorgt, dass ich zweimal von der Schule aus nach Baltrum fahren konnte. Sie hat ihren Mann und die Ältesten der Schule auf eine dreiwöchige Klassenfahrt begleitet an die See. Nach Baltrum! Das bedeutete für mich die große Welt – von Marscheid nach Baltrum.“

Reisen und etwas sehen von der Welt! Wie viele schöne Urlaubsfahrten sie später mit ihrem Mann unternommen hat, auch Ausflüge mit dem Kirchenchor. Dabei immer auch mit dem Blick auf die Geschichte Deutschlands. Das Bestreben, möglichst viel zu lernen, haben Lieselotte und Hartmut auf ihre vier Töchter übertragen. Die haben alle Abitur gemacht und studiert. Und eine Tochter ist jetzt dabei, ihren Doktor in Geschichte zu machen.

Lieselotte selbst hat nach Volksschule, Landwirtschaftsschule, landwirtschaftlicher Lehre und Landvolkshochschule eine dreimonatige Internatsschule für landwirtschaftliches Rechnungswesen besucht und einen Abschluss als Gutssekretärin gemacht. Sie hat mehrere Jahre in diesem Beruf gearbeitet. Auch danach hat sie noch viel gelernt: vier Kinder großzuziehen, einen großen Haushalt zu führen und immer wieder Verhandlungen mit Handwerkern zu führen, denn jedes Jahr standen Renovierungen und Erweiterungen von Wohngebäude und Scheune an. Auch in der Kirchengemeinde übernahm sie verschiedene Aufgaben. So hat sie ein Leben lang gelernt.

12/ Wie wir uns kennen- und lieben lernten

Wenn man heute die jungen Paare fragt, wie sie sich kennengelernt haben, antworten sie häufig: im Internet. Das geht einfach vom Sofa aus, da muss man sich nicht in Schale schmeißen, nicht irgendwo hinfahren, nicht tanzen können, in keinem Verein sein, oder am Arbeitsplatz besonders gut flirten können. Für ein entsprechendes Honorar an den Betreiber der Internetplattform bekommt man minutenschnell potenzielle Partner oder Partnerinnen auf seinen Bildschirm gezaubert. Dabei nimmt man freilich in Kauf, dass auf beiden Seiten der Kontaktwilligen ein bisschen geschummelt wird, was äußere und innere Merkmale der Suchenden angeht. Aber das gehört dazu. Man weiß, dass sich Partnersuchende so gut wie möglich darzustellen versuchen, dass sie sich jünger oder älter, größer oder kleiner machen, erfolgreiche Karrieren in Beruf oder Sport vorgeben.

War das damals vor 50 Jahren eigentlich so viel anders? Sicher, man hatte kein Internet und hatte dadurch nicht die Riesenauswahl an Kontaktmöglichkeiten. Aber es gab immerhin die Möglichkeit, in diversen Printmedien eine Annonce aufzugeben: Partner gesucht! Und da konnte man ebenfalls ein bisschen schummeln, wenn auch nicht mit so vielen Worten, denn die waren begrenzt.

Die meisten Paare suchten und fanden sich jedoch in räumlicher Nähe oder fernab im Urlaub. Wenn es irgendwo hier im Bergischen passierte, konnte man ziemlich sicher sein, dass man es mit der gleichen Sprache zu tun hatte, womöglich mit dem gleichen

Dialekt. Und wenn dann beide in dieser speziellen, bergischen Mundart ihr Interesse für einander zeigen, dann ist natürlich ganz schnell Vertrauen da. Ein ortsfremder Hochstapler hingegen hätte es schon ganz schön schwer, besonders wenn er dann auch noch mit „gnädiges Fräulein“ oder sonstigen schwülstigen Sprüchen daherkäme.

Man lernte sich ganz einfach beim Geburtstag der Familie, beim Sportfest, auf der Tanzfläche, oder im Jugendkreis einer Kirchengemeinde kennen. Urlaubsbekanntschaften fernab der Heimat, hielten, und da konnte man sich relativ sicher sein, zumeist nicht sehr lange. Brieffreundschaften waren ebenfalls keine überzeugende Alternative. In den meisten Fällen fand man sein Glück ganz einfach und praktisch in der Nähe, im Bergischen.

Manfred und Maria

Bei der ersten Begegnung trugen sie nicht das Gesangbuch in der Hand, um sich mit der Religionszugehörigkeit auszuweisen.

Aber sie trugen beide ein freundliches Lächeln im Gesicht, dem Gegenüber zugewandt.

Er fiel ihr gleich beim ersten Mal auf. So groß, so wache Augen, solch ein gewinnendes Lächeln! Beim zweiten Mal machte sie sich Gedanken um ihn: Schon wieder verlangte er Kopfschmerztabletten. Ein junger Mann und dann schon so geplagt von Kopfschmerzen! Beim dritten Mal dann die große Enttäuschung: Er kam mit einem kleinen Mädchen an der Hand, ihm wie aus dem Gesicht geschnitten. „Er ist schon verheiratet“, dachte sie, „und hat sogar schon ein Kind!“

Maria lebte in einer Familie mit zwei älteren Schwestern, in einer Kleinstadt im Bergischen Land. Nach dem Abitur begann sie eine Ausbildung in einer Apotheke und konnte so zum Familienunterhalt schon etwas beisteuern.

Sie war schon im zweiten Lehrjahr in der Apotheke, als sie den „Spalttabletten-Mann“ sah. Im Hinterraum der Apotheke begann sie mit der Kollegin ein Gespräch und erkundigte sich beiläufig nach dem jungen Mann vor der Theke. „Er holt die Tabletten für seine Mutter“, hörte sie von der Kollegin. „Er hat eine Schwester, die hat eine kleine Tochter.“ Maria rechnete sich neue Chancen aus und schätzte im Kollegenkreis jetzt genau ab, wann sie nach vorne gehen müsse, um ihn, den großen Schlanken, zu bedienen.

„Es waren ihre schönen Augen und ihr Lachen, die mich in ihren Bann zogen. Dieses Lachen hat mir direkt so gefallen", gab Manfred später an. „Und dann so groß, wir passten gut zusammen." Nach einigen Wochen sprach Manfred sie in der Apotheke an: „Ich war in München bei den Olympischen Spielen. Haben Sie Lust, sich Bilder anzuschauen? Nächsten Sonntag, bei einem Spaziergang? Dann bring ich die Fotos mit." – „Gerne." – „Darf ich Sie abholen?" – „Gerne." Maria war hoch erfreut und sagte zu, fragte aber vorher ihre Eltern, ob es ihnen recht sei. Sie war gerade 20 Jahre alt, er 25.

Dann gingen sie an den Wochenenden spazieren, an der Panzer-Talsperre, der Ennepe-Talsperre, der Bever-Talsperre… „Nie lädt er mich ins Café ein", wunderte sich Maria. Später wusste sie, er hat auch nicht viel Geld. Er hatte eine Lehre als Werkzeugmacher begonnen und besuchte jetzt nach der Arbeit noch die Abendschule, um beruflich weiterzukommen. Die Zeit war knapp.

Aber wenn sie mal wieder drei Nachtdienste hintereinander hatte, Ängste ausgestanden hatte wegen Morphium- und Drogenabhängigen, die ans Fensterchen der Apotheke klopften, holte er sie ab und beschützte sie auf dem Weg nach Hause.

Anfang 1962, an Marias Geburtstag, feierten sie Verlobung. Gerne wollten sie zusammen in Urlaub fahren. „Das geht aber nicht, Ihr seid noch nicht verheiratet", ermahnten Marias Eltern.

Drei Jahre waren sie verlobt. In den Gemeindekreisen hätten sie sich nie kennengelernt, er war evangelisch, sie katholisch. „Kennst du denn keinen katholischen jungen Mann?" fragten ihre Eltern missbilligend. „Warum findest du denn kein Mädchen bei uns in der evangelischen Kirche?“ kritisierte Manfreds Mutter zu Hause. Einen Abend vor der Hochzeit erschien der katholische Pfarrer bei Marias Familie. Missbilligend kritisierte er: „Warum nehmen alle drei Töchter evangelische Ehemänner?“ Und er setzte durch: Die junge Braut musste frühmorgens an ihrem Hochzeitstag mit Schwestern und Eltern erst einmal zur katholischen Messe gehen.

Dann ging es für alle zur Trauung in die evangelische Kirche. Auf der einen Seite saßen die Katholiken aus Marias Familie, auf der anderen die Evangelischen aus Manfreds Familie. Sie sahen sich zum ersten Mal in dieser großen Anzahl. Das Brautpaar zog ein und nahm Platz vorne in der Mitte. Maria und Manfred machten es ihnen vor: es musste nichts Trennendes zwischen ihnen stehen.

Und die Ehe von Manfred und Maria hat bis heute gehalten, zwischen evangelisch und katholisch.

Marlene und Walter Hulverscheidt

Als sie sich das erste Mal sahen, war er 21 und sie 14 Jahre alt, ein dickes, bezopftes Bauernkind, nicht weiter beachtenswert.

Nie hätten sie damals gedacht, dass sie füreinander bestimmt wären. Ihre Geschwister Walter Berg und Hanna Hulverscheidt hatten sich im Alter von 20 Jahren auf der Landwirtschaftsschule in Remscheid-Lennep kennen- und lieben gelernt. Sie waren schon ein versprochenes Paar, beide temperamentvoll und mit neuen Ideen für die Arbeit auf dem heimischen Bauernhof. Und dort auf dem Bauernhof Marscheid, sahen sie sich dann in Abständen, Walter, der gutaussehende Jungbauer aus Wermelskirchen und das dicke Bauernkind Marlene.

Mit Verwunderung beobachtete Walter, wie sich Marlene vom Kind zu einem jungen Mädchen entwickelte. Mit 18 Jahren lebte sie fern der Heimat in der ehemaligen Bundeshauptstadt Bonn. Dort arbeitete sie als ausgebildete Sachbearbeiterin im Büro der Landwirtschaftskammer. Am Rhein lernte sie die „große Welt" kennen, das lustige Leben und anders gekleidete Menschen. Sie selbst fing „klein" an, wohnte zur Miete in einem schlicht möblierten Raum, mit einem Waschbecken mit fließend kaltem Wasser auf dem Zimmer. Das Klo befand sich zwei Treppen tiefer im Treppenhaus. Zum Duschen ging sie einmal in der Woche ins Hallenbad. Die einzige Kochplatte im Raum ermöglichte ihr, fettarm zu kochen, und so purzelten die Pfunde. Von Monat zu Monat konnte sie den Gürtel um ihr blumiges Sommerkleid enger schnallen. Walter blieb das nicht verborgen, diese Wandlung in der Taillengegend. Wenn er am Wochenende mit seinem VW-Käfer seine Schwester Hanna nach Marscheid fuhr zu ihrem Walter, dann sah er ab und zu auch Marlene, die alle 14 Tage brav zu Hause einen Besuch abstattete.

„Gefunkt hat es am 17.3.1963, auf dem Polterabend von Hanna und Walter Berg, in Bollinghausen, Wermelskirchen.

Aber das mussten ja noch nicht alle wissen, und so haben die Beiden, Marlene und Walter, das erst mal geheim gehalten, bis zum Sommer. Eingeweiht wurde nur Anneliese Wäscher, Marlenes beste Freundin. „Die musste dann herhalten, wenn ich samstags mit Walter einen Spaziergang machen wollte. ‚Ich bin dann mal bei Anneliese', sagte ich meinen Eltern, wenn ich voller Vorfreude und mit klopfendem Herzen aus dem Haus ging." Spätestens am Sonntagnachmittag ging es dann für Marlene wieder nach Bonn. Telefongespräche zwischen den beiden gab es nur selten. Auf dem Bauernhof in Bollinghausen hatte man damals noch kein Telefon. In der Woche traf ein Brief von Walter an, viele Briefe schrieben sie sich hin und her. Herrenbesuch auf dem Zimmer wurde von der Vermieterin nicht erlaubt. Den Briefverkehr konnte sie nicht verhindern, auch nicht das Treffen der Beiden am Rhein oder unter den Bäumen im Park. Alle 14 Tage fuhr der Verliebte mit seinem Auto die Strecke von Wermelskirchen nach Bonn, im letzten Brief hatten sie einen Treffpunkt ausgemacht. Mal ging es zusammen ins Schwimmbad, mal in die Rheinauen, selten ins Kino. Im Sommer wussten alle in den beiden Familien Bescheid: Walter und Marlene sind ein Paar.

Marlene arbeitete weiter in der Landwirtschaftskammer, Walter als Jungbauer auf dem elterlichen Bauernhof zusammen mit Vater und Mutter. „Für mich war es nicht so einfach, wenn ein Brief aus Bonn ankam, mein Vater hatte nämlich denselben Vornamen. Andere Briefe hat er schon mal aus Versehen geöffnet, aber keinen von Marlene", erinnert sich Walter.

Es war am letzten Tag im Mai, einem Sonntag. Walter wollte dieses Mal länger als bis 22 Uhr in Bonn bleiben, denn es war die Nacht vor Marlenes Geburtstag. Zusammen fuhren sie im Käfer den Venusberg hoch und suchten sich ein schönes Plätzchen, „nicht das hellste", gibt Walter in der Erinnerung an. Sie saßen schon eine Zeitlang hinten im Auto, da klopfte es heftig an die Scheibe:

„Polizei! Kontrolle! Zeigen Sie mal Ihre Papiere!" Walter zeigte Personalausweis, Führerschein und Zulassung, soweit korrekt. Dann war Marlene dran und reichte ihren Ausweis. Die beiden Polizisten schauten auf das Geburtsdatum, einmal, dann noch einmal, dann auf die Uhr: In einer halben Stunde wird die junge Frau im Auto 21, also volljährig. „Dann wünschen wir Ihnen noch einen schönen Abend", schmunzelten die Beamten und fuhren davon.

Im September 1965 wurde Verlobung gefeiert. Eine bessere Frau hätte Walter nicht finden können: sie war mit allen Arbeiten in der Landwirtschaft vertraut, so tüchtig und allem Neuen gegenüber aufgeschlossen. Dabei mit viel Familiensinn und immer fröhlich!

Walter führte Erneuerungen auf dem elterlichen Hof durch, schaffte auch die eine oder andere moderne Maschine an. Die jungen Leute machten gemeinsame Pläne. Marlene in Bonn sparte für die weitere Aussteuer und für ein neues, enganliegendes Kleid. 25 Kilo hatte sie in den letzten Jahren abgenommen. Walter wollte nie eine dicke Frau haben. „Wir machen aber nicht einen gemeinsamen Haushalt. Ich hab' das den Eltern schon klar gemacht", gab der Verlobte mit Bestimmtheit an. Anders als auf den meisten Bauernhöfen, sollten nicht alte und junge Generation auf einem Herd gemeinsam kochen. Er hatte wohl Angst, dass seine Mutter zu viel Fett in die Pfanne geben würde. „Nie eine dicke Frau!"

Als dann nach eineinhalb Jahren Verlobungszeit geheiratet wurde, trat das junge Paar die erste gemeinsame Reise nach Altastenberg ins Sauerland an. Die Heiratsurkunde hatten sie vorsorglich mitgenommen. Nur mit diesem Dokument erhielten sie in der Pension ein gemeinsames Zimmer. „Das waren noch Zeiten!", lachen beide heute.

Vermieter hatten Angst, sie würden wegen Kuppelei angezeigt. „Aber wir waren ja jetzt richtig verheiratet. Das junge Bauernehepaar auf Bollinghausen." Und schon bald hatten sie das Glück, junge Eltern zu werden.

Am 13.Januar des Folgejahres wurde der erste Sohn geboren, genau ein Jahr später am 13.Januar der zweite Sohn und wiederum nach einem Jahr im Januar das dritte Kind, ein Mädchen, eine Woche nach dem Geburtstag der Brüder.

13/ Kleine Chronik 1950-1969 im Wirtschaftswunderland

Wer kennt sie nicht, die ewige, dicke Zigarre zwischen den Lippen des Wirtschaftsministers Ludwig Erhard. Sie war das sichtbare Zeichen einer boomenden Wirtschaft in den 60er Jahren. Sie war symbolhaftes Merkmal dafür, dass die Schlote wieder rauchten. Und im Ruhrgebiet brummte es ganz besonders. Auf Postkarten, die Teile des Ruhrgebietes abbilden sollten, wurden – man kann es heute kaum glauben – weitere rauchende Schlote vom Fotografen trickreich in das Bild eingefügt.

Das Bruttosozialprodukt erreichte Steigerungen, die den chinesischen Erfolgszahlen von heute nahekommen. Mann nannte diese galoppierende Wirtschaftsleistung im In- und Ausland „Wirtschaftswunder".

Allerdings profitierten nicht alle Bundesbürger davon. Eine Zweidrittelgesellschaft war die Folge. Während die Schwerindustrie mit ihren verbündeten Industriezweigen wuchs, sank die Zahl der Beschäftigten in der Landwirtschaft von 23,2 % im Jahre 1950 auf 8,5 % im Jahre 1970. Der Bedarf an Arbeitskräften in der Industrie war so stark, dass man „Gastarbeiter" aus Italien und der Türkei anwarb. Außerdem verstärkten immer mehr Frauen die Wirtschaftskraft der aufstrebenden, jungen Bundesrepublik – sofern ihre Ehemänner ihnen das Arbeiten außer Haus erlaubten.

Der Konsum kam in Schwung, die Läden warben mit immer mehr und neuen Produkten, in den Städten wurde Wohnraum geschaffen, Neubausiedlungen entstanden auf der grünen Wiese, ganze

Häuserzeilen wurden abgerissen und durch mehrgeschossige Zweckbauten im Bauhausstil ersetzt. Man krempelte die Ärmel hoch, schaute nach vorn, genoss die neuen Möglichkeiten, reiste, sofern es die Haushaltskasse zuließ und aß, was das Zeug hielt – aber oft mussten die Knöpfe versetzt werden.

Noch immer war Freitag Zahltag. Ein Konto hatten die Wenigsten. Das Geld wurde bar in der Lohntüte ausgezahlt. Aber wehe, wenn der Haushaltsvorstand nicht den direkten Weg nach Hause fand, sondern in die nächste Kneipe abbog. Darum standen so manche Frauen am Fabriktor und geleiteten ihren „Ernährer“ sicher nach Hause.

Und die Fresswelle rollte. Bereits Mitte der 50er Jahre war in den kleinen Lebensmittelgeschäften, den „Tante-Emma-Läden“, alles wieder zu haben. Die gab es reichlich, fast an jeder Straßenecke. „Vom Kassler bis zum Kaviar ist alles wieder da“, warben nun die Kaufleute, die oft im weißen Kittel hinter der Theke standen und herüberreichten, was das Herz begehrte. Und es wurde viel begehrt. Der Fettgehalt der Wurst spielte keine Rolle, Hauptsache sie schmeckte. 3.000 Kalorien verdrückten die Bundesdeutschen täglich.

Der Einkauf war ein kommunikatives Erlebnis. Man kannte sich und man erfuhr das Neueste aus der Nachbarschaft, man tratschte. Und der Preis der Waren stimmte, das Sortiment war reichlich, man gönnte sich endlich wieder was.

Am Sonntag gab es fetten Braten, am Nachmittag dann Kuchen, bei besonderen Anlässen Buttercremetorte.

Alle hatten etwas nachzuholen, alle wollten die harten Jahre vergessen. Der „Wohlstandsbauch“ feierte Triumphe, die dicke Zigarre am Sonntagnachmittag verkündete sinnlich das Ende der Entbehrungen der Kriegs- und Nachkriegszeit.

Nur wenige Beneidenswerte besaßen ein Fernsehgerät. Und die, die eines hatten, waren begehrte Gastgeber. Aus dem Kreis der Familie wurde so am Abend ein Halbkreis, der gebannt auf die Flimmerkiste schaute. Auch in den Kneipen rückte man gerne um die Mattscheibe zusammen und verfolgte die Fußballspiele live und in Schwarz-Weiß. Zu Beginn der Fußballweltmeisterschaft 1954 zählte man in der BRD lediglich 60.000 Geräte, die meisten mussten sich mit dem Radio begnügen. Konservierte Musik wurde von Schallplatten gehört, aber die waren teuer. Wohl dem, der ein Tonbandgerät besaß, um Kopien zu machen, oder Musik aus dem Radio aufzunehmen.

In der Regel gab es zwei Wochen Jahresurlaub, und nur wenige konnten sich im Sommer den „Teutonengrill“ an der Adria leisten. Ein Fünftel der Berufstätigen verdiente nicht mehr als 250,- DM im Monat, und eine Woche Vollpension am Strand von Rimini kostete 150,- DM. Die beliebtesten Urlaubsziele waren jahrelang der Schwarzwald, die Alpen und die Nordseeinseln. Doch schon 1962 beförderte die Fluggesellschaft Condor 32.000 Urlauber nach Mallorca. Die Urlaubsziele wurden immer weiter geplant, die Neugier auf mediterranes Essen, fremde Sitten und Gebräuche wurde immer größer.

Die „BILD“-Zeitung kostete 1956 ganze zehn Pfennig.

Im Jahre 1962 gab eine vierköpfige Familie 314,71 DM im Monat für das Essen aus, das waren 42,6 % des Verdienstes.

1950

01.05. In Westdeutschland entfallen die letzten Lebensmittelrationierungen.

1952

26.12. Die erste „Tagesschau" wird von der ARD gesendet.

1953

17.06. Die Erhöhung der Arbeitsnormen führt in Ost-Berlin und anderen Städten Ostdeutschlands zum Aufstand gegen das kommunistische Regime. Der Aufstand wird von sowjetischen Soldaten und der DDR-Volkspolizei niedergeschlagen.

1954

04.07. Die Bundesrepublik Deutschland wird in Bern Fußball-Weltmeister.

12.11. Die ersten Freiwilligen der Bundeswehr werden vereidigt.

1955

05.05. Die Pariser Verträge treten in Kraft. Die Bundesrepublik wird ein souveräner Staat und tritt am 09.05. der Nato bei.

08.-14.9. Adenauer reist nach Moskau, vereinbart diplomatische Beziehungen und erreicht die Freilassung der letzten deutschen Kriegsgefangenen.

1956

18.01. Die Volkskammer der DDR beschließt die Schaffung der Nationalen Volksarmee.

27.10. Die Luxemburger Verträge vereinbaren die Eingliederung des Saarlandes in die Bundesrepublik.

1957

25.03. In Rom unterzeichnen Frankreich, Italien, die Beneluxstaaten und die BRD die Römischen Verträge über die Gründung einer Europäischen Wirtschaftsgemeinschaft (EWG).

1958

01.07. In der Bundesrepublik tritt das Gesetz über die Gleichberechtigung von Mann und Frau in Kraft.

1959

15.11. Auf dem Parteitag der SPD wird das „Godesberger Programm" verabschiedet.

1960

08.07. Die Tarifpartner der Metallindustrie einigen sich auf die schrittweise Einführung der 40-Stunden-Woche bis 1965.

1961

06.06. Das ZDF wird gegründet.

13.08. Die DDR beginnt mit dem Mauerbau zwischen den beiden deutschen Staaten.

07.11. Adenauer wird zum vierten Mal Bundeskanzler.

1962

17.01. Mit der sechsten Folge geht der Fernsehkrimi „Das Halstuch“ zu Ende. Mit über 20 Millionen Zuschauern wird der Film zu einem Straßenfeger.

17.02. Die Sturmflut in Hamburg fordert über 300 Todesopfer.

10.04. Die Deutsche Bundespost gibt bekannt: Auf neun Einwohner kommt ein Telefonanschluss, das sind 6,3 Millionen Telefone.

23.10 US-Präsident John F. Kennedy fordert den Rücktransport sowjetischer Mittelstreckenraketen aus Kuba, die die USA bedrohen.

26.10. Polizeiliche Durchsuchung der Redaktionsräume der Zeitschrift „Der Spiegel“. Die Herausgeber Rudolf Augstein und Conrad Ahlers werden unter dem Verdacht des Landesverrates verhaftet.

1963

22.01. Der deutsch-französische Vertrag wird von Vertretern beider Staaten als Freundschaftsvertrag in Paris unterzeichnet.

16.10. Adenauer tritt zurück, Ludwig Erhard wird Bundeskanzler.

22.11. John F. Kennedy wird in Dallas, Texas ermordet.

1964

01.12. Die DDR-Regierung erzwingt eine Mindestumtauschpflicht bei Einreisen in die DDR.

1966

01.12. Kurt Georg Kiesinger wird zum Bundeskanzler einer Großen Koalition aus CDU/CSU und SPD gewählt. Der Vorsitzende der SPD Willy Brandt wird Vizekanzler und Außenminister.

1967

02.06. Bei Demonstrationen gegen den persischen Schah wird der Student Benno Ohnesorg von einem Polizisten erschossen.

1968

02.04. Andreas Baader und Gudrun Ensslin werden für die Frankfurter Kaufhaus-Brandstiftungen verantwortlich gemacht. Die „Rote-Armee-Fraktion“ geht in den Untergrund.

04.04. Martin Luther King fällt einem Attentat in Memphis, Tennessee zum Opfer.

11.04. Josef Bachmann schießt dreimal auf den linkspolitischen Aktivisten Rudi Dutschke. Dieser stirbt 1979 an den Spätfolgen.

1969

20.07. Den USA gelingt mit Apollo 11 die erste bemannte Mondlandung.

15.-18.8. Im US-Bundesstaat New York in der Nähe der Kleinstadt Woodstock startet das bisher größte Musikfestival der Jugend mit ca. 400.000 Besuchern. Die Hippie-Bewegung erfasst auch Europa.

21.10. Willy Brandt wird zum Bundeskanzler gewählt, Walter Scheel wird Außenminister.